ヒトはなぜ協力するのか

マイケル・トマセロ 著

橋彌和秀 訳

keiso shobo

WHY WE COOPERATE
BY MICHAEL TOMASELLO WITH CAROL DWECK,
JOAN SILK, BRIAN SKYRMS, AND ELIZABETH S. SPELKE.

COPYRIGHT © 2009 BY MASSACHUSETTS INSTITUTE OF TECHNOLOGY.
JAPANESE TRANSLATION PUBLISHED BY ARRANGEMENT WITH THE MIT PRESS
THROUGH THE ENGLISH AGENCY(JAPAN)LTD.

ヒトはなぜ協力するのか

目次

目次

序章

動物は多くの種において、個体が、他の個体の経験や奮闘するさまをうまく利用することで、さまざまなことを社会的に学習します。同一種の中で、あることをこなすやり方が、個体がおこなう社会的学習によって集団ごとに異なってくるとすれば、生物学者は、ここで文化について語ることになります。このような広い見方をとるなら、さまざまな鳥類、海生哺乳類、そして霊長類を含む多くの種が、文化の異なる複数の集団を構成して生きています。

いうまでもなくヒトは、模範的といえるまでに「文化をもつ種」です。もっとも近縁な大型類人猿たちが、アフリカおよびアジアの赤道付近にしか生息していないのに対して、ヒトは、この地球全体に生息域をひろげています。どこへ行っても新たなものや行動慣習を生みだすことで、それぞれの環境からふりかかってくるピンチをしのぐのです。北極圏ではイグルーを築きカヤックでクジラを狩るかと思えば、熱帯では草で葺いた小屋を建て、弓矢で陸上哺乳類を狩る。ヒトにとってこのような道具や行動慣習は些細どころか、必要不可欠です。ツンドラや熱帯雨林で、それぞれにふさわしい道具や行動慣習の存在を前提とせずに生き残れる人などまずいません。ひとりひとりが社会的に学ばねばならないものごと（コミュニケーションのための言語的慣習を含めて）の数を考えれば、ヒトの文化は、他種のそれと比較して、量的にユニークなものといえます。

しかし同時に、ヒトの文化は、質的にもユニークなものであり、はっきりした特徴をふたつ挙げることができます。ひとつめは、「文化の累積的進化」と呼ばれるものです。ヒトの生み出すものや行動慣習はしばしば、時間とともに複雑さを増してゆき（つまりは「歴史」をもち）ます。克服すべき課題に応じて、道具やものごとのこなし方を誰かが発明すれば、まわりがそれを速やかに学習する。しかし、また別の誰かが何らかの改良を加えれば、誰もが（成長過程にある子どもも含めて）、新しく改良を加えられたバージョンの方を学習するという傾向が見られます。このことが一種の文化的ラチェット（歯車の留め金。歯止め）となり、慣習の各バージョンが、誰かがもっと新しくて改良されたものを思いつくまで、集団のレパートリーとして、しっかりと留まるのです[1]。ひとりひとりのヒトが、従来適応的であった遺伝子を生物学的に継承しているのとまったく同じように、先祖たちの集合的な知識のようなものとしての道具や行動慣習を文化的に継承している、ということになります。改変を蓄積して時間とともに複雑さを増していくような文化的行動の存在は、ヒト以外の種では、これまでのところ観察されていません(2)。

　ヒトの文化をユニークなものにしている、はっきりした特徴のふたつめは、さまざまな社会制度を生み出したことです。社会制度とは、相互に承認されたさまざまな規範や規則によってコントロールされる行動慣習のセットのことです。たとえば、あらゆるヒト文化では、それぞれの規則のもとで交配および婚姻がおこなわれます。誰かがこの規則に違反すると、なんらかの方法で制裁が加えられ、もしかしたら完全に追放されさえする。実際にヒトは、このプロセスの一部として、たとえば夫と妻（および両親）といった、文化によって定義された存在をあらたに生み出し、これまた文化によって定義された権利と義務とをそれぞれに負わせています（哲学者ジョン・サールは、このプロセスを新たな「地位機能」の創造と呼びました(3)）。また別の例を挙げるなら、あらゆるヒト文化には、食物やその他価値のある対象の分配や取引に関する規則や規範が存在します。交換の過程では、なんらかのもの（たとえば特別なしるしを入れた紙）に、貨幣という文化上の地位が与えられ、この地位によって貨幣は、文化に裏打ちされた一定の役割を果たします。さらにまた別の規則・規範のセットは、族長、首長や社長、大統領といった集団のリーダーを生みだします。リーダーたちは特別な権利と義務とを負い、集団のために決定を下し、新たな規則を生み出しさえするのです。文化的ラチェットと同じことが、社会制度についてもいえます。ヒト以外のいかなる種においても、いささかなりともこれに似たものの存在が観察されたことはありません。

ヒトの文化だけに見られるこれらふたつの特徴――生み出されたものごとの累積と、社会制度――の根底にあるのは、ヒトという種においてのみ、「協力する技能」と「協力しようとするモティベーション」とがセットになっている、ということです。これは、社会制度の場合を見ればとくにはっきりします。非協力者への強制に関する規則も含めて、さまざまな社会制度はどれも、協力によって生みだされ合意によって成り立つ相互行為といえます。地位機能も、「夫、親、通貨、首長といったものが存在し、それぞれがなすべき権利と義務とを果たす」という協力的な合意があってこそ成り立つものです。こういったユニークな形態での協力を可能にしている心理的な基礎過程は、マイケル・ブラットマン、マーガレット・ギルバート、ジョン・サール、レイモ・トゥオメラ(4)といった行動哲学者たちの知見を踏まえれば、「志向性の共有」（shared intentionality）と呼ぶことができるでしょう。志向性の共有とは、ごく簡単にいえば、他者と協力しようとする際に、意図やコミットメントを自他間で接続しあう能力のことです。これら意図やコミットメントの接続（joint intention / joint commitment）は、注意の接続（joint attention）や相互知識（mutual knowledge）といったプロセスから成り立ち、他者を助けよう、あるいは他者と分かち合いたいという協力への動機

の基盤となっています。(5)

社会制度の場合ほどあからさまではありませんが、ヒトに見られる超協力的傾向は、文化的ラチェットにおいても重要な役割を果たします。文化的ラチェットにかかわるもっとも基礎的なプロセスが模倣による学習であること（ヒトは代々、この方法をきわめて忠実に採用しているようです）も、模倣による学習の本質は協力的というよりはむしろ搾取的であることも、確かです。しかし、これらに加えて、協力におけるふたつの根本的なプロセスもまた、ヒトの文化的ラチェットに不可欠であるといえます。

まず、ヒトは、さまざまなことを積極的に教えるだけでなく、そのレッスンの対象者を近親者だけに限定しません。教えるとは、援助しようという動機にもとづく利他的行動のひとつであり、別の個体が使用するための情報を贈与することです。ヒト以外の数種でも、教えているらしきことが見られはしますが、（多くは「単一の行動を実子に対して」に限られますし、）ヒト以外の霊長類における積極的な教授行動を、体系的に、実例を重ねて確認した報告はありません。

つぎに、ヒトには、同じようになるため、つまり、同調するためだけに（おそらくは集団アイデンティティの標識として）集団内の他者を模倣する傾向もあります。協力への合意にもとづく社会規範である同調を、集団内の他者に求めさえします。そこでおこなわれる同調の要請は、同調しなかった者に対するさまざまな罰や制裁がありうることによって後押しされます。我々が知る限り、同調という集団規範を共同で生み出し、押しつけあうような霊長類は、ヒト以外にありません。教えることも、同調にかんするさまざまな規範も、集団内に生まれた新たなアイディアや方法を、さらに新たなものが現れるまで保持することによって、文化の累積に貢献しているのです。

そしてまた、ヒト以外の種における「文化」が、模倣などの搾取的な過程にほぼすべての基盤を置くのに対し、ヒトの文化は、搾取だけでなく、本来的に協力的な過程にも基盤を置いています。ホモ・サピエンスは、文化集団の中で協力的にふるまい思考することに、前例のないまでに適応していますし、実際のところ、ヒトの認知が成し遂げたもののうち特に目覚ましいものは例外なく——複雑な技術から言語・数学的シンボル、複雑に入り組んだ社会制度にいたるまで——単独で行動する個人が生み出したものではなく、相互行為をおこなう個人間で生み出されたものです。(6) 子どもたちは成長するにしたがい、ある特殊な文化的知性によって、この協力的な集団思考に参加することができるようになりますが、ここでいう知性とは、ヒトだけに備わった、協働・コミュニケーション・社会的学習をはじめ、さまざまなかたちでの志向性の共有を可能にする技能と動機づけとから成り立つものです。(7) これらのさまざまな特殊技能は、文化によるニッチ構築および遺伝子–文化の共進化の過程で生じました。つまりは、ヒトが、自分たちで作り上げてきたさまざまな文化の世界のどれにおいてもうまくやっていくことを可能にするような適応として生じたのです。

ヒトにおける協力と文化を解明する——チャリティへの寄付から、言語・数学的シンボル、社会制度に至るまですべてを解明するということですが――には、多面的なアプローチが必要です。現在、進化生物学者、実験経済学者、ゲーム理論学者、社会学者、文化・生物人類学者、認知・社会・進化心理学者をはじめとする多くの領域の研究者がこの問題に取り組んでいます。私自身の研究グループでは、ヒトの子どもと、ヒトにもっとも近縁な霊長類、とくにチンパンジーとの比較研究を通してこれらの問題にアプローチしてきました。よりシンプル、といえそうなこれらの事例に目を向けることで、成人の行動や社会の途方もない複雑さを扱うよりもはっきりとものごとが見据えられることを期待しつつ。もちろん同時に、子どもとチンパンジーとの比較によって、ヒトの協力の個体発生的・系統発生的起源のどちらにも光を当てることができるだろうと考えました。

子どもおよびチンパンジーにおける協力に関する我々の実証研究は、

（1）利他性　ある個体が別の個体のためになんらかの犠牲を払う

（2）協働行動　複数の個体が、互いの利益のために一緒に働く

という、ふたつの基礎的な現象に焦点を当てています。

第一章では、我々が近年おこなってきたヒトの子どもの利他性に関する研究を、とくに発達早期における利他性の出現に注目しながら紹介しましょう。進化的基盤として、チンパンジーにおける

自発的援助行動の驚くべき観察についても紹介したいと思います。ここでの基本的な問いとなるのは、「利他性は、幼い子どもたちに『自然に』現れるようなものなのか、それとも、文化によって授けられるものなのか（あるいはもしかしたら、文化はなにか別の役割を演じているのか）」ということです。第二章では、子ども、チンパンジーにおける協力的な問題解決に関する最近の我々の研究を紹介します。こちらでの問いは、「同種個体との協力的なかかわり方について、ヒトとチンパンジーとでいちばん大きく異なるのはどこなのか」ということです。これらの違いは進化的にどこからもたらされ、どうやって、社会規範や制度といった複雑な協力の産物を生みだすことになったのでしょう？

Ⅰ　ヒトはなぜ協力するのか

第一章　助けるように生まれてくる（そして育てられる）

君主たるもの　いかにして善ならざるかを学ばねばならぬ
ニッコロ・マキャベリ

西洋文明における大きな論争のひとつとして、（たとえばルソーが述べたように）ヒトは生まれながらに協力的で援助的なのに社会がそれを堕落させるのか、（たとえばホッブスが述べたように）利己的で非援助的に生まれたヒトが社会での教育によってましになるのかというものがあります。大きな論争がいつもそうであるように、どちらの主張にも、紛うことなくなにがしかの真実が含まれています。ここで私は、おもにルソーの考え方の肩を持ちつつも、さらにもう少しこみ入った主張をおこなうことにします。この主張を、本書の寄稿者の二人に敬意を表して、「前半スペルキ・後半デック説」と呼びましょう。具体的には、一歳の誕生日を迎える頃——しゃべり、歩き始め、真の意味で文化的存在になる頃——には、ヒトの子どもは、すべてあまねくとは言いませんが多くの状況においてすでに協力的かつ援助的であることを述べ、その証拠を提示します。さらには、子どもは、こういったことをおとなから学ぶのではありません。自然にそうなるのです（ここがスペルキのパート）。しかし、子どもたちが見せるどちらかといえば見境のない協力性は、その後の発達過程において、互恵性が見込めそうかどうかの判断や、集団のほかのメンバーが同じことをどう判断するかについての関心——そもそもこれらは、ヒトの生まれながらの協力性が進化する過程で有益でした——の影響を受けるようになります。そして子どもたちは、「ものごとをいかにこなすか」あるいは「この集団のメンバーであるなら、ものごとをいかにこなすべきか」といった、文化に特異的な社会的規範を内面化しはじめるのです（ここがデックのパート）。

「うちの子は『生まれながらに協力的な段階』をすっとばして育ったにちがいない」と感じられる親御さんのために手短かに申し上げておきたいのは、ここで論じているのは、ヒト以外の霊長類と対比して行動を評価した場合についてのことだ、ということです。生存能力を持った生命体はすべて、利己的な性質を持たざるを得ません。自分自身の生存と健康・安全に関心を払わなくてはならず、さもなければ、子孫を多く残せない。ヒトの協力性や援助性は、言うなれば、この自己中心的な基盤の上に成り立っているのです。

加えて——ここが私の話の中で最もこみ入ったところですが——、私は、ヒトの利他性が単一の形質だとは考えていません。むしろ、ヒトはさまざまな行動領域において多かれ少なかれ利他的であり、それぞれの領域ごとに個別の形質を備えていると考えています。マックス・プランク研究所のフェロー研究員であるフェリックス・ヴァルネケンと私は、ヒトの利他性を三つの主要タイプにまとめる際に、経済学の枠組みを利用して、そこで扱われる「商品」——物品、サービス、情報——にもとづく定義をおこないました。[1] 食物などの物品に関して利他的であるとは、寛容であることであり分配に応じることです。手の届かないものを取ってあげるといったように、サービスに関して利他的であるとは、援助的であることです。他者と利他的に情報や考え方を共有する（ゴシップも含めて）とは、情報伝達的である、ということです。これら三つの利他性のタイプを区別しておくことは重要です。なぜなら、それぞれについて利得——損失が異なり、つまりはそれぞれに異なる進化史がありうるからです。

では、幼いヒトの子どもおよび最も近縁な霊長類が、これら三タイプの利他性それぞれについて何らかの傾向を示すのか、示すとすればそれはどのような傾向なのかについて、現在手に入る実証データをみてみましょう。

1　援助すること

基本となる現象はシンプルなものです。生後一四カ月および一八カ月の幼児が、さっきはじめて会ったばかりの、血縁のないおとなに対面したとしましょう。そのおとながちょっとした問題に遭遇していると、幼児は、そのおとなの問題解決を援助してくれます——手の届かないものを取ってあげることから、手がふさがっているときに戸棚の扉を開けてあげることまで。ある研究では、テストに参加した二四人の一八カ月児のうち二二人が少なくとも一回の援助を、しかもたいていの場合即座におこないました(2)。

これらの状況にはそれぞれ、対応する統制条件がありました。たとえば、おとなが、洗濯バサミをうっかり落とすのではなく、わざと放り投げる。あるいは、手がいっぱいのままで戸棚にぶつかるのではなく、何かほかのことをしようとしながら戸棚にぶつかってしまう。これらのケースでは、子どもはなにもしませんでした。つまり、かれらが、洗濯バサミを取ってくることや戸棚をあけることが単に好きなわけではない、ということが示されたのです。

子どもがおこなう援助の方法もまた、ひじょうに多様です。先の研究では子どもたちは、おとなが四つの異なる課題を解決するのを援助しました——手の届かないものを取る、障害物をどける、おとなの間違いを正す、課題の正しい解き方を選択する――シナリオはすべて、少なくとも詳細な点までみる限り、子どもにとって新奇と考えてよいものでした。これらの課題で柔軟に他者を援助するには、子どもたちは、まず、さまざまな状況において他者のゴールに気付く必要があるし、また、その他者を援助しようという利他的な動機づけを持つ必要があります。

このような、体を使ったシンプルな課題において他者を援助することが、生まれながらにヒトに現れる行動である、と考える理由は五つあります。ひとつめは、発達のごく早期に行動が出現することです。生後一四から一八カ月という、向社会的にふるまうことを親たちが期待することもまずなければ、まして訓練したりするはずもない時期にです。もっとも、この点には議論の余地もあります。というのも赤ん坊は、生後一年の間にも、おとなが他者を援助するのを確実に見ているはずですから。

ふたつめの理由は、親からの報酬やうながしによって幼児の援助行動が増加することはなさそうだ、ということです。我々は一歳児に対して、援助行動をおこなうたびに報酬を与え、また、新たな試行ごとにおとなが報酬を見えるように持っておくようにしてみたのですが、どちらの誘因も援助行動には影響しませんでした(3)。現在進行中の研究では、ヴァルネケンと私は、幼児に、自分から援助をおこなう機会、および、母親が部屋にいて援助するよううながした際に援助をおこなう機会を経験させてみました。親御さんたちは心に留めておいてください。親によるうながしは、幼児の行動にまったく影響せず、うながしがあろうとなかろうと、見られた援助行動は同程度だったのです。注目すべきことに、どちらの研究でも、乳児が援助をおこないたがる傾向がそもそも強かったために、さまたげとなるような楽しい活動を幼児におこなってもらうことで、援助行動の全体的な生起レベルを下げなくてはなりませんでした。そうしたにもかかわらず大多数のケースでは、幼児たちはこの活動から自分で離れ、困っているおとなを援助するためのコストを払ったのです。

しかし、援助に報酬を与える条件でのようすはさらに興味深いものでした。最近ヴァルネケンと私がおこなった、数段階からなる研究では、(4) 二〇カ月児に、援助をおこなう機会を何種類も経験してもらいました。ある群の子どもたちには、援助行動を行うたびに具体的な報酬――小さなおもちゃで、かれらが大好きな面白いことに使えるもの――が与えられました。他群の子どもたちには、まったくなんの報酬も与えられませんでした。援助を受けたおとなもまったくなんの反応も示さず、笑顔や「ありがとう」すら返さなかったのです。子どもたちの多くは五つの場面において援助行動を示し、第二段階にも参加することになりましたが、そこでも、さらに何回か援助をおこなう機会が設定されました。しかし今度は、すべての子どもについて、（援助したとしても）おとなからの反応はなかったのです。結果は注目すべきものでした。第一段階で五回報酬を与えられていた子どもたちが第二段階においても援助行動をおこなう頻度は、第一段階で報酬を与えられなかった子どもたちの場合よりも低かったのです。

この「過度の正当化効果」（overjustification effect）は、スタンフォード大の心理学者であるマーク・レッパーらによって多くの領域で実証されおり、「行動そのものがもともと、そうする気を起こさせるのだ」ということを示していると考えられています。もとから報酬となっている活動の場合、外的報酬はこの元来の内的動機を弱体化させる――動機を報酬へと外在化してしまうのです。いったん外的報酬によって駆動するようになった行動が、こんなふうに、いまさら他の報酬に影響を受けなくなるのも不思議はありません。つまり、具体的な報酬を与えることは、子どもたちの援助行動を促進しないばかりか、崩壊させさえするかも知れないのです。

子どもたちが、報酬を得るためや親を喜ばせるためだけに援助をおこなうのではないと考える三つめの理由は、チンパンジーも同じ行動をおこなう、ということです。ヴァルネケンと私は、ヒトに育てられた三頭のチンパンジーに、ヒトの子どもでの研究でもちいた、一〇課題からなるテスト・バッテリーを実施しました。チンパンジーたちは、その他の課題では援助行動を示さなかったものの、「手の届かないものを取ってきてあげる」課題では援助をおこないました（そして統制条件ではおこないませんでした）(5)。

ヒトに育てられたチンパンジーに、ヒトを援助すべき理由がたくさんあること――結局のところこのチンパンジーたちの世界はヒトが支配しているのです――は、我々も承知しています。そこで、また別の研究では、チンパンジーの母親に育てられたチンパンジーたちに、互いを援助する機会を与えてみました。この研究では、あるチンパンジーが部屋へのドアを開けようと苦労しているのを、別のチンパンジーが観察します。観察していた個体は、そのドアがピンを抜くことで開くことをそれまでの経験から知っていたのですが、驚くべきことに、その場面でピンを抜き、同じ群れの仲間が部屋に入るのを助けたのです。(6) しかし、こうすることによる報酬を期待していたことを示す証拠はまったく得られなかったし、群れの仲間がこれと同じ方法で部屋に入ろうとするわけではないふたつの統制条件では、このような行動は見られませんでした。ここで重要なのは、わたしたちに最も近縁な霊長類が――ヒトとの接触が最小限である個体も含めて――わたしたちのものとよく似た援助行動を示すなら、それは「ヒトにおける援助行動はヒト的な文化環境によって生み出されたわけではない」ことの証拠になる、ということです。

四つめの理由については、データの分析がまだ十分ではないので、ごく簡単にお話ししましょう。最新の研究によれば、子どもの成長へのおとなの介入がごく少ない、より伝統的な文化においても、子どもたちは、これまでに我々が研究してきた西洋の中流階級の子どもたちと同じような状況で、同じ年齢で、援助行動をおこないます。(7)

最後となる五つめは、最近の研究から、幼い子どもによる援助行動には共感的な気遣いが介在していると示されたことです。あるおとなが描いている最中のお絵描きを他のおとながひったくって故意に破り捨てるのを、一八カ月および二四カ月齢の子どもに脇で見せたところ、これが起こった途端に子どもは被害者（情動は表出していない）へと視線を向け、盲検手続き下でも一貫して「気遣っている」とコードされる表情を示しました。すなわち、子どもたちは、「破壊者がもうひとりの前に置かれた白紙をひったくって破り捨てる」という統制条件よりも多く、この表情を示したのです。同様の条件としてはたとえば、おとなが――犠牲者条件および統制条件において――おもちゃを取り上げられることになりました。そしてその後、ここが最も重要な点ですが、それぞれの条件を経た子どもたちは、被害者の（および統制条件の）おとなを援助する機会を経験しました。結果として子どもたちは、被害者となったおとなを統制条件のおとなよりも多く援助しました。さらに注目すべきことに、お絵描きが破り捨てられたときに被害者に対する気遣いの視線を多く示した子ほど、その被害者を援助する傾向をより強く示したのです(8)。このことは、子どもが自然に抱く被害者の境遇に対する共感的あるいは同情的反応が、かれらの援助傾向に影響を及ぼすことを示しています。つまり、外的報酬ではなく、このような「気遣い」こそが幼い子どもたちの援助行動を動機づけている、というのが我々の主張なのです。

早期の出現。うながしが不要であり、報酬によってかえって弱体化すること。大型類人猿に見られるような深い進化的起源。文化を越えた頑健性。そして、同情心を自然と抱いてしまうこと。――これら五つの理由から、我々は「子どもが示す初期の援助行動は、文化や、社会化するように親が訓練することで生み出される行動ではない」と考えているのです。むしろそれは、子どもがもともと備えている、「面倒を抱えた他者に同情する」という自然な気持ちが表面にあらわれたものといえます。他の機関でおこなわれた研究もこの結論と矛盾しません。一歳に満たない乳児でさえ、援助的なエージェントと援助的でないエージェントとを見分けているのです(9)。

2　知らせること

チンパンジーと幼いヒトのどちらもが、状況次第では他者を援助することがあるわけですが、ヒトの子どもしかおこなわない特殊な形態の援助行動がひとつあります。「必要とされる情報を提供すること」です。これは言語によるものには限りません。ヒトの子どもは、生後一二カ月頃にはもう、前言語的なものとはいえ、指さしによって他者に情報を提供するようになります。チンパンジーその他の類人猿が互いに向けて指さしをすることはまずありませんし、これから論じるように、互いに役立つようなことを、指さしに限らずなんらかのコミュニケーション手段によって知らせ合うこともありません。

ある研究では、「紙をホチキスで留める」といった、子どもとは無縁そうな課題をおとながこなしているのを生後一二カ月の前言語期の子どもが見ている、という状況を設けてみました。このおとなは同時に、別の道具も手にしています。その後彼女が部屋を出て行くと別のおとなが入ってきて、ふたつの道具をそれぞれ棚にしまってしまう。そこへ最初のおとなが、紙の束を抱えて、ホチキス留めを続けるつもりで戻ってくる。しかしテーブルにはホチキスが見当たらないので、まごついたそぶりを見せながら無言のままでそれを探す。直接的援助に関する研究の場合と同様に、子どもたちはおとなが抱えている問題を理解し、彼女を援助しようとしました。ほとんどの子どもが、探しているホチキスの場所を指さしたのです。同じだけ手にしていたもうひとつの道具を指さすことは、はるかに少なかった。かれらはホチキス自体が欲しかったわけではありません。おとながホチキスを手にした後で、駄々をこねたり手を伸ばしたりといった、ふつうにみられるような要求行動をおこなうことはなかったのです。おとながホチキスを手にすると指さしをやめ、満足げにしていたのです[10]。さらに、「子どもは、ただホチキス留め作業が再開されるのが見たかっただけである」という可能性も、補足的な実験によって排除されています[11]。

ヒトの乳幼児が情報伝達的指さしの理解を一貫して示す一方で、チンパンジーではそんなことはありません。チンパンジーたちは互いに向けて指さしをおこなったりしないし、ヒトに向けて指さしをおこなうとしても、たいていはヒトに食べ物を取ってきてもらうためです[12]。実際、チンパンジーがヒトに対して指さしをおこなった観察事例ではすべて、その動機は指示的（命令的）なものでした。また、なんらかのヒト的なコミュニケーション手段を習得したチンパンジーは、その手段をチンパンジー同士でなく、ヒトとのコミュニケーションのためだけに使い、またほとんど例外なく、指示のためだけに使用しました。数年前、同僚のジョセップ・コールと私は、チンパンジーの食物が入っている箱を開ける道具をヒトが必要としている場合に、チンパンジーがヒトに向けて、道具の場所を指し示すことを発見しました。[13] これを「ヒトに知らせているのだ」と解釈する人もいるでしょうが、チンパンジーがヒトに「道具を使えよ！」と指示しているのだと解釈することも可能です。最近の研究では、これとよく似た状況で、チンパンジーとヒトの子どもとにおける道具への指さしを直接比較しました。さきほどと異なるのは、二条件のうち一方では、チンパンジーや子どものための何かを取るのにおとなが道具を使用し、もう一方では、おとな自身のための何かを取るのに使用するようにした点だけでした。[14] 研究にはＡＢＡデザインが用いられました。第一および第三セッションでは、チンパンジーたちもヒトの子どもたちも、かれら自身のためのなにかを手に入れるにあたっておとなが使うべき道具への指さしをおこないました。しかし第二セッションでは、おとながおとな自身のための何かを手に入れるのに使う道具への指さしを（なんの報酬もなしに）おこなわなくてはなりませんでした。このことから明らかになったのは、チンパンジーが確実に指さしをおこなうのはかれら自身がその結果として何かを得られる場合のみであるということであり、かれらの指さしが実は指示的なもの（「道具を使えよ！」）である、という解釈に沿うものでした。

一方ヒトの子どもは、どちらの条件でも同程度の指さしをおこないました。興味深いことに、子どもの中には、おとなが自分のための報酬を手に入れるのに道具を欲しがると、腹を立てているらしい者もいました。にもかかわらず、そのおとなが周りを見回してまごついていると、やはり道具を指さして、知らせずにはいられなかったのです。

驚く人も多いかもしれませんが、類人猿では、情報伝達的に使用された指さしを理解することすらありません。類人猿は、目に見えるターゲットに向けられたものであれば、視線や指さしの方向を追うことができます。しかし、情報伝達的でコミュニカティブな意図を理解しているわけではないようです。さまざまな研究を通して我々があきらかにしてきたのは、隠された食物を探す際に、ヒトがその場所を指さして知らせても、チンパンジーはそれを理解できない、ということです。つまり、指さしているヒトが、どうしてそのカップに注目させたがっているのか、そこにある関連性を見出そうとしないのです[15]。チンパンジーにしてみれば、これはまったく理にかなっています。野生の生活においてかれらは――食べ物を巡って競合することはあっても――誰かが食べ物を指さして教えてくれる経験などもたないため、互恵的な意図など想定しないのです。一方ヒトの子どもは、生後一二―一四カ月で、同様の状況下の情報伝達的な指さしを前言語的に理解し、適切に関連性を推論します[16]。子どもたちは、指さしを目の前にして「この人はどうして、ぼく／わたしがそのカップに注目すると良い／注目することに意味があるって思うのだろう」と自問しているようです。かれらのこの自問の基礎になっているのは、哲学者ポール・グライスの「協調原理（principle of cooperation）」に近いものです。他者は、他者自身ではなく対話者であるわたしに関わるものごとを知らせることによって、援助的であろうとします。チンパンジーが、グライス流の協調原理にもとづいて行動することはありません。かれらの生きる世界においては適切なことです。つまりかれらは、適切な関連性推論をおこなうべき理由をもたないのです。

しかし、チンパンジーが発するアラーム・コール（警戒音声）やフード・コールはどうでしょう？　こういった音声は、情報意図によって発せられているのではないのでしょうか？　ひとことで言えば答えは「ノー」です。ヒト以外の霊長類は、捕食者を見つけると、たとえ他の群れメンバーがみんな同じところにいて同じ捕食者を見て悲鳴を上げていたとしても、やはりアラーム・コールを発します。フード・コールも、群れ全体がすでにそこにいたとしても、ひとたび豊富な食物が見つかればやはり発せられます。このような状況下でのゴールが「他者に知らせること」であるはずがありません。みんな間違いなく「とっくに知っている」のですから。いずれにせよ音声は、自身や血縁個体に直接的利益をもたらしてはいます（「アラーム・コールは、すでに見つかっていることを捕食者に警告しているか、捕食者に押し寄せてくれる他個体を集めている」／「フード・コールは、食べている間、捕食者から防衛しあう仲間同士のきずなを確認している」と考えることもできます）。しかしチンパンジーは、ジェスチャーにせよ音声にせよ、互いに援助的に知らせあおうとはしていないのです。(17)

一方ヒトの子どもは、他者に援助的に物事を知らせ、自分に向けられた情報意図を正確に読み取るばかりか、他者からの要請を協力的なかたちで理解しさえします。すなわち、ヒトが発する要請の多くは、命令（たとえば「水よこせ」）ではなく、願望についての発言に過ぎない「水が欲しいなあ」のように、もっと間接的なものです。自分の願望を他者に知らせるだけでわたしが水を手に入れられるのは、他者が、協力的なあまり、わたしの願望がどんなものであるかを知るだけで自動的にそれを充足させてやりたくなるからなのです。最近のある研究では、実験者が二〇カ月齢の子どもに「バッテリー」を手渡してくれるように頼みました。バッテリーはふたつあり、ひとつが実験者の目の前にあるテーブルに、もうひとつが部屋の向こう側のテーブルに置いてあります。子どもが、実験者の発言を、「取って」という指示であると純粋かつ単純にとらえるならば、「実験者の要請に応えるにはどちらのバッテリーでもよい」ということになるでしょう。しかし、発言を、援助を求める協力の要求としてとらえるならば、援助に関する論理からは、「実験者が頼んでいるのは実験者自身では簡単に成し遂げられないことだけである」ことになります。ということは、実験者は、部屋の向こうのバッテリーのことを頼んでいるはずです。幼い子どもたちはまさにこのような推論をおこないました。このことは、子どもたちにとって、「要請」が「援助に関する論理にもとづく援助要求」となりうることを示しています(18)。

このように、「知らせること」について比較してみると、ヒトの子どもとチンパンジーとは似ていません。知らせることとなるとヒトは、道具を介した援助行動とはうってかわって、チンパンジーがまずおこなわない協力をやってのける場合があるのです。ここで分かるのは、利他性は単一の一般要因からなるものではなく、むしろ行動のレパートリーによって利他的動機が現れたり現れなかったりする、ということです。次節では、必要とされる情報を提供することによる援助行動をヒトだけがおこなうことについての進化的な説明を試みましょう。個体発生的に考えても、「一二カ月児が援助的情報提供をおこなうのは、そうすることで報酬を得たり、そうするようにうながされてきたからだ」と考えるのは、無理がありそうです。情報を惜しみなく分かち合うことは、ごく幼い子どもの頃から自然におこなわれているように思えます。もちろん、子どもたちはすぐに嘘もつくようになるわけですが、そうなるのは数年後のことであり、それまでの協力や信頼を前提としてのことです。互いの援助性を信じる傾向がヒトになかったなら、嘘をつくこともできなかったでしょう。

3　分けあうこと

食物などの資源分配においてチンパンジーはそれほど利他的であるとはいえないというのが、専門家たちのほぼ共通した見解です。価値ある資源を分けあうことは、数エルグ〔erg, エネルギーの単位：1 erg ＝ 10^{-7} J（ジュール）〕のエネルギーを費やしてなにかを取ってあげたり指さしたりして他人を援助するのに比べると、ずっと手の焼ける仕事です。もちろん、ヒトである私だって、ここにいる私たちの搭乗した飛行機がアンデスで墜落して、グラノーラ・バーが一本だけ私のポケットに入っていたとしたら、そう寛容に皆さんに分配してあげられそうにはありません。しかしながら、二種類の実験手続き下でのほぼ直接的な比較によれば、ヒトの子どもは、食物や価値のあるものに関して、近縁な類人猿たちよりも寛容です。

まずは、よく似たふたつの実験——ひとつは我々の研究室、ひとつはUCLAでおこなわれたもの——から、チンパンジーは、他者が受け取りうる食物にまったく関心を払わないらしいということがあきらかになりました。一方の実験ではチンパンジーは、ふたつのボードのうちひとつを引きよせるという選択課題を与えられました。ふたつのボードのそれぞれには報酬の入ったトレーが二枚載っているのですが、どちらのボードを引きよせても、被験体の手に入るのは片方のトレーのみで、もう一方のトレーはすぐ隣のケージにいる別のチンパンジーの手に入るようになっています。もっともシンプルな条件は、「一方のボードでは、被験体のトレーには食物が入っているがパートナーのトレーには入っていない。もう一方のボードでは、どちらのトレーにも食物が入っている」というものです。どちらのボードを引きよせても、被験体が消費するエネルギーはまったく同じだし、手に入る報酬（食物ひと切れ）も変わりません。ここでの問題は、チンパンジーが、（そのこと自体にはまったくなんのコストもかからない場合に）パートナーにも食物を届けられるボードを引き寄せるか、ということでした。どちらの実験でも答えは「ノー」でした。とはいえ、自分のトレーにだけ食べ物が載っているボードを常に引き寄せて、パートナーが食べ物にありつくのを一貫して妨害したわけでもありません。チンパンジーたちは見境なくボードを引き寄せており、自分自身が食物を手に入れることだけに興味を集中しているようでした。隣のケージに食物が届いていることをチンパンジーが認識していることを確認するために、実験には統制条件も組み込まれました。空室になっている隣のケージへのドアが開いており、ボードを引き寄せたチンパンジーは、隣のケージに割り当てられた食物をすぐに手に入れられるのです。この条件ではチンパンジーは、ほとんどの場合、両方のケージに食べ物が届くボードを引き寄せました[19]。ごく最近の研究では、これとよく似たパラダイムを適用すると、生後二五カ月のヒト幼児や学童期の子どもたちは、利己的な選択肢よりも公平な選択肢を選ぶことがあきらかになっています[20]。

ヴァルネケンがおこなった援助実験では「チンパンジーは、意味のあるなにごとかを他者がしようとしているのを援助する」らしいのに、引き寄せ実験では「なんのコストもないにもかかわらず他者が食物を手に入れるのを援助しない」なんてどういうことだ、とみなさんが混乱されるのも当然です。我々も現在、このパズルを解くべく研究をおこなっていますが、現時点でもっともあり得そうだと考えている理由は、「チンパンジーは、食べ物引き寄せ課題では自分自身が食べ物を手に入れることだけに集中してしまい他者のことに関心を持たなくなるのに対して、援助課題では、自分の食物を手に入れるような状況にはないために、採食の欲求や競合的な戦略が前に出てくることがない」というものです。

さて、ふたつめの実験手続きでは、チンパンジー間での、食物に関する競合の影響をかなり直接的に見ることができます。アリシア・メリスの主導のもと、マックス・プランク研究所の研究者たちは、二本の紐をとりつけたボードに食物を載せ、チンパンジーに提示してみました。このボードを手繰り寄せるには、二個体が協力する以外に途がないのです。これまでの研究では、チンパンジーがこの課題をうまくことなすことはありませんでした。しかし先行研究では、食物はいつもボードの中央に積まれており、分け合う際に面倒が生じることは請け合いでした。研究チームはこの効果を再試し確認もしましたが、それに加えて、食物が前もって分配されている――ボードの片方の端には、一方の個体用のなにがしか、もう片方の端にはもう一方の個体用のなにがしかが置かれている――条件もおこなってみました。するとチンパンジーたちは、見違えるほどに熟練した共同作業をおこなったのです。これまでチンパンジーたちの首尾が良くなかったのは、この課題を認知的にこなしきれなかったわけではなく、協働した結果起こる闘争まで見越していたからのようなのです。[21]ヴァルネケンの研究チームは最近、同じ課題をヒトの子どもでおこないましたが、子どもたちは、食物があらかじめ分配されているかどうかを大して気にしませんでした。かれらは常に食物を等分するから、ではありません。ある子が、自分の本来の取り分よりも多く取ろうとすることもあるのですが、そうするともう一方の子が（大抵いつもはそうしているように）ちゃんと分配しろと異議を唱えるのです。これはふたりともが、まだ次の試行にも挑戦するつもりであり、自分たちがうまくやっていけることへの信頼があることを意味しています。チンパンジーには、このような信頼は見られません。

しかし、もっと自然な状況ではどうでしょう？　野生のオスのチンパンジーが、潜在的な同盟相手や交尾相手に食物を分配することを報告した研究が最近いくつかありますが、そこでおこなわれているのはまず間違いなく取り引きであって、気前の良さとは異なります(22)。木の葉のついた枝を束にしたものなど、価値の低い食物を飼育下でチンパンジーに与えた場合には、かれらは他個体が同じ束から採食するのを許容します(23)。しかし野生では、採食中は互いに二－三メートル離れていて、食物を手放すのは直接的な物乞い行動や嫌がらせ行動を受けた時のみ、というのがかれらの自然な行動なのです。対照的にヒトの子どもは、他の人にものを与える――実際にものをさし出してくるのです――ことを好みます。それもしばしば食物を与えるのです。しかし同時に、ものによっては愛着を示し、絶対に手放そうとしないこともあります。ここでわれわれの足場がぐらついてしまうのは、比較のてがかりとなる実験が存在しないためです。子どもたちは大抵のものや食物には大して興味を持たない、というだけのことかも知れません――それを寛容と呼ぶなら、まあ、寛容なのかもしれないけれど。とはいうものの自然状況下では、幼い子どもさえ、近縁な類人猿よりも気前よく分配をおこない、ものや食物をさし出すようです。

実例にもとづくヒト・チンパンジー間比較の極めつきは、母子間での食物分配です。チンパンジーの子どもたちは、採食者として自活しており、自分の母親とはある意味での競合状態にさえあります。最近の研究で、母子間の食物分配に関する系統立った観察が、三組の母子についておこなわれました。子どもが母親から食物を得ようとする場面が八四回観察できましたが、このうち五〇回は拒否されていました。また、母親による、より積極的な食物の受け渡しは稀であり、一五回しか起こりませんでした。さらに、母親が子どもに対する食物の受け渡しを比較的積極的におこなった場合も、その食物はつねに――観察事例のすべてで――母親の食べていた食物の、あまり食べられそうにない部位、つまり、剥いた皮とか莢《さや》、殻だったのです(24)。これが他のオトナや非血縁のコドモに対する行動以上のものであるのは確かで、なんらかの母性的本能が作用しているには違いありません。しかしヒトの母親なら、もっと気前よく、積極的な子どもへの食物提供――ジャンク・フードを買ってやるだけかも知れませんが――をおこないます。

というわけで、食物などの資源分配をおこなう場合、ヒトの子どもはチンパンジーよりもずっと寛容なようです。しかしこれは程度の差に過ぎない、ということをここで再度強調しておきたいと思います。ヒトだって飢餓状態にあれば、食物に関してそれほど寛容ではない。チンパンジーは「まるでいつも飢餓状態にあるかのようにふるまっている」というだけのことなのです。

以上三つのケース――援助すること、知らせること、そして分けあうこと――いずれにおいても、「文化による変容や親のうながし、あるいはなんらかの社会化が、子どもの示す利他性をもたらしている」と考える根拠は、ほとんどありません。しかし、子どもの成長に伴って、社会化が重要な役割を果たすようになるのはあきらかです。個人ごとに異なる経験や文化ごとに異なる価値観や社会規範――これらすべてが影響を及ぼすのです。

4　互恵性と規範

子どもを取り巻く社会的世界の影響は、大きくふたつのセットに分けることができます。ひとつめは、子どもによる直接の社会的経験――他者との関わり合いや、他者の反応や招かれる結果にもとづいて関わり方を学ぶこと――です。ポジティブに解釈すればこれには、協力的であり援助的にふるまうことが、見返りとしての協力や援助を生み出すことを子どもたちに学ばせ、かれらをそういった方向に向けさせる面があります。もう少し用心深く解釈するなら、つねに協力的・援助的でばかりいると他者に利用されてしまう、ということを子どもたちが学ぶ面もあります。

ともあれ、「見境のないある種の互恵性」と「価値を置くものに関して示す一種の利己性」とが混在した初期段階を経て、幼い子どもたちは、互恵性の対象とすべきものが備えているさまざまな特徴にもとづいた見極めをおこなうようになります。最近の研究からは、三歳頃には、こういった他者に関する判断がおこなわれるようになることが示されています。ある研究では、この年齢の子どもは、これまで自分に親切にしてくれた同集団の他者に対して、より頻繁な分配をおこないました[25]。我々の研究室でも、「援助すべきかどうかの基準」らしきものを発見しています。三歳頃の子どもは、他者に援助的であった人物をより頻繁に援助するのです[26]。つまり子どもは、他のひとたちと過ごす自身の経験に基づいて、誰に親切にして誰に親切にすべきでないかを、人生の早期から学習し始めているのです。これは驚くべきことではないかもしれません。最近の観察（野生でも実験環境下でも）では、グルーミングや闘争への助力、食物へのアクセスに関して、チンパンジーが互恵的にふるまうことも報告されているのですから[27]。

子どもに社会的影響を及ぼすセットのもうひとつには、文化集団での価値や規範がかかわってきます。これらは子どもが、他者とのインタラクションからのフィードバックを通してというよりも、モデル提示やコミュニケーション、指導を通して経験するものです。文化は、さまざまな社会規範によってそこに属する子どもたちの援助性や協力を促進しようとするものです（親切に、助け合って、嘘をつかず、おもちゃも分け合ってね、というように）。こういったことにはポジティブな側面――高く評価されている何らかの社会規範に沿って生きていれば、人々はそれを称賛してくれる――もありますが、進化的には、規範の本来の機能は、集団から追い出されそうな悪評をたてることから石打ち刑にいたるまで、逸脱した場合の懲罰をちらつかせることだと考えられます。子どもたちはどこかの時点で、自分が、社会規範を基準として他者に評価される対象であることを意識するようになります。そこで子どもたちは、この評価を支配しようとします――社会学者アーヴィン・ゴフマンの言う「印象操作（impression management）」です。この種の覚醒を通して生まれるのが公的自我であり、わたしたちはみんな、膨大な時間とエネルギーを注ぎ込んでこの公的自我の評判を開拓し防衛しているのです(28)。社会規範は、何らかの複雑なかたちで、その社会集団全体の視点や価値体系を象徴しているのです。

この頃喧伝されているある研究の著者たちは、ヒト以外の霊長類（この場合はフサオマキザル）も規範的公正感を備えている場合があると主張しています(29)。チンパンジーを対象とした類似の研究でも、ヒトがチンパンジーにキュウリなどの（チンパンジーにとって）価値の低い食物を与えた場合は、通常はそれを受け取ることが確かめられています。しかし実験者が他のチンパンジーをひいきして、ブドウなどの価値の高い食物を与えると、それを見たチンパンジーは、これまで受け取ろうとしてきたキュウリを拒否するというのです。ここでの著者たちの解釈は、社会的比較――あいつの方が自分よりもいいものを貰った――と、公正感――この不公平な分配はフェアじゃない――に基づいたものでした(30)。

しかし、別の研究機関三カ所で得られたフサオマキザルの結果と、一カ所で得られたチンパンジーの結果とはそろって、「社会的比較に拠って立つものでは一切ない」という意味で、上記の解釈が誤りであることをあきらかにしました。これらの研究のうちのひとつでは、単にブドウを見て、それを貰えると期待するだけで、チンパンジーにとってのキュウリの魅力が下がることがあきらかになりました。他個体が近くにいる必要などないのです[31]。ここで起こっているのは社会的比較などではなく、単なる食物の比較なのです。公正感という規範に関わるようなものも作用していないということになります。

我々の研究室でおこなった別の研究では、実験経済学の最後通牒ゲーム(ultimatum game)をチンパンジーに提示しました。このゲームのヒト版では、被験者は一定の金額（たとえば一〇〇ユーロ）のお金を受け取り、見知らぬパートナーにいくらかの取り分を持ちかけるように言われます。このパートナーは被験者がいくら受け取っているかを知っており、持ちかけられた取り分を承諾した場合には、ふたりともその取り分を持ち帰ることができます。しかしパートナーが申し出を拒否した場合は、どちらも一ユーロも貰えません。ここでヒトがどのようにふるまうかについてはある程度の文化差がありますが、このゲームでのパートナーが採るこれまでのところ最も一般的な反応は、三〇ユーロ未満の低額の取り分は拒否する、というものです。合理的利得最大化の原理に従えば、「たしかにこいつは癪に障る奴だが、二五ユーロでも貰っておけ。何もないよりはましだから」ということになるでしょう。しかし、ヒトはこんなふうにはふるまわず、低額の取り分を拒否するのです。被験者たちが言うように、フェアじゃないからです。まあ、持ちかける側もそれは心得ているので、たいていは等分を持ちかけるのですが。

対照的に、このゲームにおけるチンパンジーは、合理的利得最大化の実践者といえます。研究者たちは、提案者（提案する立場になる個体）が、それぞれに自分自身の分とパートナーの分とにあらかじめ配分された食物を載せた二枚のトレーに対面する、ミニ最後通牒ゲームを組み上げました。たとえばある条件では、「自分の分はブドウ八粒、君の分は二粒」対「お互い五粒ずつ」間の選択です。提案者は、自分でできる限り、途中までトレーを引き寄せる。ここで応答者の方は、残りの距離分トレーを引き寄せて申し出を遂げさせてやるか、やらない（つまり拒否する）か、の選択をおこなうのです。ヒトならば、「お互い五粒ずつ」が選択肢にある場合には、「自分の分はブドウ八粒、君の分は二粒」というアンフェアな申し出をふつう拒否します。しかし、チンパンジーは違っていました。チンパンジーの提案者はほとんどいつも利己的な申し出をおこなうのに、応答者はほとんどいつも――自分の取り分がゼロの場合を除いて（これは、応答者が見さかいもなく引き寄せているだけではないことを示しています）――申し出を受け入れたのです。[32] つまりこの実験でも、チンパンジーが公正感という社会規範に沿ってふるまっている証拠は見出せないことになります。[33]

一方ヒトは、二タイプの社会規範（とさまざまなかたちでの両者の混合）に沿ってふるまいます。協力の規範（道徳規範も含む）と遵守の規範（制度的規範も含む）です。この分野での子どもに関する研究の大多数は道徳規範を扱っており、子どもは「誰かが他の誰かにケガをさせる」といった「いけない」行為についての判断を求められます。しかし子どもたちは、悪意が含まれないような慣習的規範にも従っているのです。暑い季節には短パンを履くことが多いが、これは履く人たちが「そうすべきだ」と考えているからではないこと、その一方で、結婚式で上着やタイを着用するのはまさに「そうすべきだ」と考えているからであることを、幼稚園児でも理解しています。結婚式の服装は人々の期待や態度によって支配される社会規範のひとつですが、暑い季節の服装はそうではない。ここは重要な点ですが、子どもが規範に従うのは、その規範を「たまたま知った」からではありません。はじめての状況下では、かれらは、どうすべきなのか――その状況にはいかなる社会規範や規則があるのか――を積極的に見極めようとし、それに沿ってふるまおうとするのです。たとえば、新しいクラスルームでの初日、子どもたちは、自分の上着をどうすべきなのかを知りたがります。われわれおとなが毎朝、席に着く前に上着をラックに掛けるのを知れば、かれらはそれがここでの「やり方」であることを理解し、自分も同じようにしようとします。(34)

ひじょうに不可解なのは、子どもはなぜ社会規範を守ろうとするのか、という点です。「上着はここだよ」と教師が教えることに、どこで力が宿るのでしょう？　「そういう決まりなんだよ」という仲間のことばに、どうして耳を傾けるのでしょう？　よく知られているように、ジャン・ピアジェは、デュルケームに倣い、力の源はふたつあると主張しました。(1) おとなとのインタラクションからもたらされる権威（authority）と、（2）同格の他者とのインタラクションからもたらされる互恵性（reciprocity）、です。ピアジェの主張によれば、発達早期の子どもたちは、おとなの力の優位性に全面的に依存し、権威に基づく規範にしか反応しない。つまりここでの規範は、ある意味では真の規範とはいえません。子どもはそれらの規範を自分自身で是認したわけではないからです。互恵性にもとづいた真の規範が現れるのは幼児期後期、子どもたちが自己中心性から脱し、それぞれに同格の自立したエージェントとして他者や自分自身を見るようになってからです。互恵性にもとづく規範は、お互いを尊重した上での仲間との社会的契約を基盤にして力を持つようになります。だからこそ、真の規範と言えるのです[35]。

子どもが社会規範に従うようになる上で、権威と互恵性が重要な役割を果たしていることに疑いはありませんが、最近の一連の研究からは、ピアジェの提示したストーリーがまったく正しいとは言えないことが示されています。子どもは規範に自発的に従おうとするだけでなく、それとほぼ同時期から、規範を他者に強制することに関わろうとすることがあきらかになったのです。ある研究では、ひとり遊び用ゲームの遊び方を三歳児が教わりました。その後パペットがやってきて「僕もゲームがやりたい」と言うのですが、子どもが教わったのとは違うやり方で遊ぶ。すると子どもの多くはそれを――場合によっては声高に――拒否するのです。拒否する際の子どもたちのことばは、逸脱に対する個人的な不快感を表明しているだけではありません。「そうやるんじゃないよ」「それは無理だよ」というような、包括的で規範的な通告をおこなっているのです[36]。パペットが自分と違うやり方で遊んでいることだけが問題なのではなく、不適切な遊び方をしているのが問題なのです。この行動がきわめて重要になるのは、自分に関わりがないことに規範を設けるのは、（おそらくは、従わないことで生じるネガティブな結果を避けるために）規範に従うのとはまったく別のことだからです。

この研究に関しては、特に述べておきたいことが二点あります。ひとつめとして、ここでの規則あるいは規範というのは、調整的規則として社会的インタラクションにおける交通整理の巡査のようにふるまっているだけではありません。実際にゲームを創造する構成的規則でもあります。さらにこのゲームは、いったん学習してしまえば、ひとり用の、協力の必要もないゲームです。つまり子どもたちは、「ゲームのやり方」のような単純で便宜的な規範ですら、「自分がうまくやるために役に立つ手引き（偉いおとなたちが喜んでくれたり、なにか更にご褒美がもらえるかも）」ととらえるだけでなく、そんな損得勘定とは独立した社会的な力を持った、個人を超越したものとしてとらえている、ということになります。ふたつめですが、これらの研究において我々は当初、「ゲームに正しいやり方と誤ったやり方がある」ということを伝えるには、「おとなが間違って、それを自分で訂正するところ」を子どもが目撃しなくてはならない、と考えていました。しかしこれは必要ないことが分かってきました。おとながゲームをやっているのを――規範にもとづく判断や言語ぬきでストレートに――見さえすれば、子どもは、「いかにゲームすべきか」という規範的な結論にジャンプするのです。これらの研究が示すのは、子どもが見せるごく初期（三歳頃）の規範も、すでに真の規範（その後更なる発達はあるにせよ）であり、権威への畏れや互酬の約束以上のなにかから生じている、ということです。子どもの協力傾向や同調傾向については、権威や互酬性といった社会的圧力への感受性だけでも説明が可能でしょうが、社会規範をさかんに強制しようとする傾向を同じ具合に説明することはできません。子どもたちは、他者に規範を押し付けるよう強制されたわけでもなく、うながされてさえいないのに、なぜこんなことをするのでしょう？　我々の実験についていえば、おとなたちが他者を罰しているのをまねた（mimicking）のでは決してありませんでした。ゲームの文脈で、おとなが誰か他の人あるいは自分自身を罰しているのを見ることは一度もなかったのですから。「子どもは、似たようなゲームでおとなが他の誰かを罰していたのを見て真似しているのだ」と考える（こちらもお世辞にも分が良くなさそうですが）にしても、「だとすればそもそも、なぜおとなは罰するのか」を問わざるをえません。理論的説明の多くでは、確かに、わたしが違反者の襟を正させようとすることは集団全体の利益になるため、規範の強制は互恵的行為のひとつであるといえますが、このことは、子どもがおこなう規範の強制をさらにミステリアスなものにするだけです。

ここで必要なのは、志向性を共有する何らかの感覚を幼い子どもたちもすでに備えていること、つまりかれらも、「わたしたち」志向性（"we" intentionality）とでも呼ぶべき、より大きなものの一部であることを認識することです。「わたしたち」というある種のアイデンティティや合理性にこの新たな次元を加えなければ、子どもたちがなぜ、第三者的な立場にいる他者に社会規範をとくに、協力にもとづくものでなく構成的で（ここが重要なのですが）恣意的なルールのような規範を――押し付ける役を買って出るのかを説明することは不可能である、とここで強く主張しておきたいと思います。[37] また、ゲームのやり方をいったん理解してしまえば、そのゲームはひとりでおこなわれるために、互恵性が入りこむ余地もありません。このような、ルールにもとづいて一人でおこなうゲームでは、規範にもとづく制裁の基盤となるのは、「わたしたち」はそんな風にはしない、ということだけなのです。

というわけで私が提案したいのは、権威や返報に敏感だからというだけで子どもたちが社会規範を守っているのではない、ということです。これらに加えて子どもは幼いころから、『利他主義の可能性』において哲学者トーマス・ネーゲルがおこなった提案に沿うもの、すなわち、人格を持たない「どこでもない場所からの視点」を導く、「あの人はわたし」とでも呼ぶべき他者との同一化的態度や、多くの中のひとりとしての自分という概念に沿ったある種の社会的論理を、備えているのです。[38] このことは、志向性の共有にもとづく協力行為において特にはっきりするのですが、これについては次章でもっと踏み込んで述べましょう。協力行為を共有する際には、わたしたちは、相互依存の関係を生み出すような共通のゴールを持つ――まさに「わたしたち」なるものを生み出すのです。あなたと私とで、ベッドルームにテーブルを運んでいるとしましょう。突然私がテーブルから手を離して逃げれば、私たち自身やそのゴールを損なわないではすみません。協力行為の共有にあたっては、私の個人的論理――わたしはベッドルームにテーブルを運びたい。ゆえにわたしはXをすべきだ――は、相互依存という社会的論理に変換されるのです――わたしたちはベッドルームにテーブルを運びたい。ゆえにわたしはXをすべきであり、あなたはYをすべきだ――。

これらの研究が示すのは、こういった協力行為の枠外においてさえも、子どもたちは、自分自身や他者の、集団への同調の度合いを測っているということです。子どもたちは最初のうちは、このような「わたしたち性」（we-ness）の基盤を、親や家族、クラスメートといった重要な誰か（G・H・ミードの『重要な他者』（significant other））に置いており、後になってからこれを、何らかの文化集団（同じくミードの『一般化された他者』（generalized other））との同一化にもとづく、真の意味で人格を持たない文化規範へと一般化するのです[39]。そうして幼い子どもたちは、（1）規範は合意に基づくもので「恣意的」であることと[40]（2）規範は、いかなる個人からも独立していること（「エージェントから中立的な」地位にあること）についての理解をさらに深め、社会規範の理解をおとなのようなものにしてゆきます。

あらゆる文化に社会規範が存在することと、ヒトの進化においてそれが重要であることは明白です。十分に研究されてきた伝統的社会を顧みれば、すべての社会が、食物や性といった最も生物学的な領域に至るまで（というよりその領域は特に）、「何をしてもよくて、何をしてはならないか」に関する強力な社会規範を組み込んでいることがわかります。ヒトが規範の存在に適応した社会的情動を発達させてきたこともまた、ヒトの進化において規範が重要な役割を果たしたことを示しています。罪悪感や恥感情は、内面化され、自身の行動の（感情に基づいた）判断基準となるなんらかの社会規範、あるいは社会的判断を前提としています。ある解釈によれば、罪悪感や恥感情はそれぞれ自己処罰の一種であり、以下のような役割を果たします。第一に、同じ逸脱を再び犯しにくくする。第二に、今回はうまくできなかったとはいえ、本来は規範を順守していることを他者に示す（成人での研究によれば、誰かが偶発的に何らかの害を及ぼした際も、即座に罪悪感の兆しを表に示した場合は、傍観者はその人物に対する悪感情を抱きにくい）。このように、罪悪感と恥感情は、生物学的基礎に立つ情動反応であり、ヒトがみずから構築してきたさまざまな規範的（あるいは少なくとも懲罰的）な社会環境を前提としているのです。これらは、ヒトの生物学的側面と文化的側面との共進化的過程の、きわめて良い見本といえます[41]。

つまり、幼い子どもにおける利他的傾向の発達は、社会化によってはっきりした形をなすようになるのです。子どもたちはもともと、援助性や協力の前提となる処理をおこなっています。しかしその後で、誰を援助し、誰に知らせ、誰に分け与えるべきかに関して選択的になり、他者が自分に対してとる行動に影響を及ぼす手段として、（他者が持つ）自分の印象――公的評判や公的自己――を操作するようにもなるのです。さらに子どもたちは、自分の住んでいる「世界」の文化を特徴づける社会規範を学び、さらに、その規範がいかなるものかを積極的に学習してそれに従おうとします。「どうするか」を他者に教える我々の実験のように、子どもたちが他者に規範を思い出させて強制に加担することもあれば、自分がその規範に従えなかった際には、罪悪感や恥感情によって自身を罰することもあるのです。これらはどれも、さまざまな社会的圧力に対してヒトが特別敏感であることだけでなく、「わたしたち」志向性の共有を含むあらゆる行為に、一種の集団アイデンティティや社会的合理性が内在していることを示しているのです。

さて、では悪魔的ホッブスと天使的ルソーのどちらが正しいのでしょう？　ヒトは生来親切なのか、それとも、生来卑しい心の持ち主なのでしょうか？　この種の「なんでもあり」な設問ではいつものことですが、どちらもいくぶんかずつ正しい、というのが答えです。私は、「赤ん坊や幼い子どもたちが、それ以外の条件下ではもちろん利己的にふるまうとしても、適切な条件下では、援助的・情報伝達的かつ寛容にふるまう準備ができた状態で、文化に接触する」ことを示す、（願わくは）説得力のある実証的証拠を提示してきました。しかし、自立性が高まるにつれて、子どもたちはより選択的に、「こちらを利用したりしそうにない相手」、さらに言えば、「お返しをしてくれる相手」を利他的行為の対象としなくてはならなくなります。興味深いことに、この「前半スペルキ・後半デック」的発達パターンは、長期間持続する集団において協力を維持する上で特に効果的とされる、有名な「協力におけるしっぺがえし戦略」を個体発生過程に映し込んだかのようです——まずは利他的に始め、それから選択的にふるまえ。その相手がきみにした通りに。

とはいうものの、幼い子どもたちの手本となり伝えられるべきものとしての社会規範も、やはり重要です。子どもたちは幼年早期に、アイデンティティを持った公的な存在に変わってゆく中で、公的な評判を気にするようになり、社会規範に従い、罪悪感や恥感情というかたちでそれを（自分自身にも）強要するようになります。子どもは、一般的に論じられているように、互恵から得られるさまざまな利益や罰への恐れだけで社会規範を尊重するわけではありません。むしろかれらは、協働的行為において他者と相互依存していること——志向性の共有に特有の論理ともいえます——に幼い時期から敏感であり、集団のアイデンティティの指標として、集団への同調の度合いを測るのです。このようにさまざまな形態の「わたしたち性」が、自身が社会規範を尊重することや、社会規範を他者に強制することの重要な源なのです。

そういう意味では、子どもが社会規範を内面化し自身の行動の調整に利用できるようになるのが、「子どもはもともと援助的なわけでも協力的なわけでもないので、外的な強化や罰によってそう仕向けてやろう」と考えるおとなたちのおかげというわけではないのは、興味深いことです。いわゆる誘導的養育（他者に対する行為の効果や協力的な社会的行為の合理性について、おとなが子どもに伝える）が、社会規範や価値の内面化を促進するのに最も効果的な養育スタイルであることを多くの研究が示してきました。こういった誘導的養育が最大の効果を挙げているのは、「子どもたちにすでに、（他者や集団機能に対する自分の行為の効果が子ども自身にとって自明である場合には）協力を選択する傾向がある」ということを正しく踏まえているからなのです。子どもは生来利他的であり、それこそが（子どもは生来利己的でもあるがゆえに）おとなが養育しようとすることの前提なのです。

第二章では、ヒトが進化の過程でいかにしてこれほど協力的になったのか、という謎に迫りましょう——ふたたび、ヒトに最も近縁な霊長類とヒトとの比較を通じて。今度は、志向性の共有（慣習的コミュニケーションや社会制度を含む）に向かうヒトの技能と動機の進化的な源としての、相利的協働が焦点です。相利的協働行為が、ヒトの利他性のそもそもの起源でもあったことをお話ししましょう。

第二章　インタラクションから社会制度へ

道徳性の原初的な風景……それは、わたしがあなたになにかをしてあげる風景でも、あなたがわたしになにかをしてくれる風景でもない。わたしたちが一緒になにかをする風景である。

クリスティーヌ・コルスガード

ヒトの行動の進化に関して現在おこなわれている研究の中心的問題は、利他性——より具体的には、利他性がいかに成り立つか——です。この問題については、広く認められた解答があるわけでもありませんが、解答の候補に事欠いているわけでもありません。挑むべき課題となるのは、犠牲を払う者が、自分の身を犠牲にしたり、子孫を絶えさせたりせずにすむ方法が何かあるはずだ（それは何か）ということです。犠牲を払う者にも、埋め合わせになるだけの何らかの利益があるはずなのです。非協力者に対する処罰（評判に関わる悪い噂が立つことも含む）が、（再び、利他的な意味での）協力を安定化するのに役立つことはこれまでにも示されてきました。しかし処罰とは、被処罰者がコストを払い皆が利益を得ることによって公的利益を生むものであり、利他主義においてはいわば二次的問題です。処罰が意味をなすのは、処罰に応えて「正しいこと」をおこなう傾向が被処罰者にあってのことであり、処罰がちらつくだけでは利他主義の起源は説明できないのです。

利他性の進化という問題をここで私が解決しようというつもりはありません。そのことは別に気にしていません、というのも「これこそが中心的なプロセスだ」とは私には思えないからです。つまり、「利他性こそが、〝制度にもとづいた文化集団の中でともに暮らし働く〟という、より大きな意味でのヒトの特性・能力としての協力に関与する主要なプロセスだ」とは考えていないのです。この筋立ての中では、「利他性」は小さな一プレイヤーに過ぎません。「相利性」――わたしたちが一緒に働いた場合（協働と呼んでもよい）のみに全員が協力による利益を得ること――こそが、スター選手です。ここではフリーライダーも存続し得ますが、実際のケースの多く（たとえばあなたとわたしとで一緒に重い丸太を運ばなくてはならないような）では、タダ乗りをするのは現実的に不可能です。成功するには両方の力が必要であり、手を抜いたなら即座にわかるのですから。副次的な利益としては、相利的に努力する文脈においては、あなたに向けたわたしの利他性（たとえばあなたの仕事の助けになりそうな道具を指し示すこと）は、実のところわたし自身を助けることにもなります。あなたが仕事をこなしてくれるということは、わたしたち共通のゴールに向かうことの助けになるのですから。このように相利性は、ヒトにとっての利他性発祥の地――ひとびとを利他性に向かわせる上での、いわば保護された環境――でもあったのです。

現生の類人猿一般を、ヒトとその他の霊長類間の最後の共通祖先のモデルとみなすならば、現代のヒト社会を特徴づける大規模な協働行為や文化的制度にたどりつくにはかなり長い道のりを越えなくてはならないことになります。しかしそれこそが、大まかではあるものの、ここで我々が試みようとすることです。出発点として我々は、ジョーン・シルクらの研究のおかげで、ヒト以外の霊長類社会の大部分が、血縁とネポティズム〔縁者びいき〕――そして大抵の場合、かなり強力な優劣関係も――から成り立つことを知っています。つまり、かれらが見せるあらゆる協力は、血縁と直接互恵に基づいたものと考えてほぼかまいません。また、ブライアン・スキームズの研究からは、類人猿的な基盤をふまえてヒト的な協働を築き上げる過程では、自分自身の利益と集団全体の利益とを秤にかけるような囚人のジレンマに直面することはないことが分かっています。むしろ我々のシナリオは、協働することによってわたしたちおよび同胞ひとりひとりにもたらされる報酬ゆえに誰もが協働を好むようなスタグ・ハント〔ジョーン・シルクのコメント（93ページ）を参照〕です。問題は、「わたしたちはいかにして力を合わせるようになるのか」という点です。これは些細な問題ではありません。なぜなら、このような状況でわたしがおこなうべきことは、あなたがおこなうであろうとわたしが考えること次第であり、再帰的に、あなたがおこなうべきことは、わたしがおこなうであろうとあなたが考えること次第です。ということは、わたしたちは互いに十分なコミュニケーションをおこない、信頼し合うことができなくてはならないのです。ここで提示したこの進化仮説を、「類人猿はシルク・ヒトはスキームズ仮説」と呼びましょう。

類人猿的な集団行動からヒト的な協働にいたるには、それぞれが複数のプロセスからなる三つの基本的なセットが必要です。最初に、かつ最も重要なこととして、初期人類は、目標を共有することや、複数の役割同士が互いに協調して労働を分担することを含めて、他者と複雑に協調・コミュニケートする本格的な社会・認知的スキルとモティベーション（私が志向性の共有スキルおよび動機づけと呼んでいるもの）を進化させる必要がありました。第二に、これらの複雑な協働行動を開始するにあたって、初期人類はまず——おそらくは、特に食物を巡る文脈において——現生類人猿よりも互いに寛容になり、信頼し合わなくてはならなりませんでした。第三に、このように更に寛容で協働的になったヒトは、公的社会規範や、制度における役割を義務的なものとみなすことを含む、集団レベルの制度的慣習を発達させなくてはなりませんでした。とはいえ、これら三つのプロセスに順に焦点を当てていく前に、我々が想定している進化過程の始発点と終着点とをもう少し具体的に述べておきましょう。

具体的なある事例が、我々の提示した進化の筋書きを、ふたつの点で支えてくれます。「採食」

対「ショッピング」です。ヒトが木の実を採りに森に行くのであれば、チンパンジーがそうするのと大差はありません。ヒトもチンパンジーも、森の空間配置や、食物を採り出す道具使用が含む因果性、同行する仲間の目標指向性を理解しています。しかし、ヒトが、食べ物を手に入れにスーパーマーケットに行くのならどうでしょう？　チンパンジーの採食では起こらないことが色々と起こるはずです——なぜチンパンジーの採食で起こり得ないのかといえば、それらが、純粋な個体の認知や動機を超えたさまざまなプロセスから成り立っているからです。

次のようなシナリオを考えてみましょう。いっしょに店に入って、二、三の品物を手に取り、レジ待ちの列に並ぶ。店員にクレジット・カードを渡して支払い、品物を持って店を出る。これを、チンパンジー的に——「どこかへ行って、何かを取って、もといた場所に戻る」という風に——極めてシンプルに叙述することも可能かもしれません。しかしヒトは、ショッピングを、程度の差こそあれもっと明示的に、他の側面も丸ごと含んだ、制度的なリアリティのレベルで理解しています。まず、第一に、店に入ることでわたしは、さまざまな権利と義務のセットの支配下に置かれます。わたしは、掲示された価格で品物を購入する権利を持っていますが、それらは店主の所有物なので、品物を盗んだり壊したりしてはなりません。第二に、わたしは、そこにある品物が安全であることを期待できます。行政機関には安全を保障する部署があるのだし、仮に安全なものでないことがはっきりすれば、誰かを訴えることだって可能です。第三に、このことの背後にある制度構造こそが通貨です。誰もが通貨に篤い信頼を置いているからこそ、この特殊な紙きれ、あるいはクレジット・カードからどうにかしてもたらされる電気的な標識と引き換えに品物を手渡すのです。第四に、わたしは、広く共有されている規範を重んじて列に並びます。もしも列に割り込もうとすれば人々はわたしをなじり、わたしは罪悪感を覚えるとともに、「いい人」としての評判をおびやかされることになるでしょう。このように、公的領域に存在する――採食するチンパンジーたちがおそらく経験するはずのない――あらゆる制度的リアリティの例は、やろうと思えばほとんど無限に挙げ続けることができます。

これら制度にまつわる現象のすべてに共通するのは、ヒト特有の「わたしたち」という感覚――志向性の共有という感覚です。この感覚は、スーパーマーケット、私有財産、保健所といった共同体的・制度的世界だけからもたらされるものではありません。よりシンプルな社会的インタラクションの中にも（むしろ、さらにはっきりと）見出すことができます。あなたとわたしが一緒に店まで歩くことにしていたとしましょう。ところが途中で突然、わたしが何も言わずに道からそれて、ひとり立ち尽くすあなたを置き去りにして行ってしまう。あなたは驚くばかりか腹を立てて（あるいはわたしのことを心配して）、家に戻って友だちにこの事件について話します。「わたしたち」は一緒に店まで歩いていたのに、わたしが一方的にその「わたしたち」を、身勝手さのためであれ乱心のためであれ、破壊したのだと。興味深いのは、わたしが、「やらなきゃいけないことをちょっと思い出したんだ」と言って、いわば「わたしたちの『わたしたち』」を破壊することの許しを求め「いとま乞い」さえしていれば、こんな事態は避けられたということです。

このようなシンプルなケースにおいてさえ、「わたしたちは一緒に何かをしているのだ」という感覚——これが相互の期待や、さらには権利と義務までも生みだす——は、ヒトに特異的なものであるということができます。とりわけサールは、いっしょに行為する感覚が、いかにして「スーパーマーケットでショッピングをする」といった、権利や義務、貨幣や行政機構を基盤として存在する、つまりは「わたしたち」が皆その存在を信じふるまうからこそ存在しうる、制度的に複雑な行為を含んださまざまな共同志向性にスケールアップするのかを示してきました。[1] 要するに、ヒトは他の類人猿のような物理的・社会的世界を生きているだけでなく、自分たち自身で作り上げた制度的・文化的世界、つまり義務的に（deontically）力を与えられたあらゆるものとともに暮らす世界を生きているのです。この世界のあり方は厳密には集団ごとに大きく異なりますが、いずれにせよあらゆるヒトの集団は、そのような世界を生きています。

ヒトの文化の目立った特徴の多くは霊長類社会のそれとあきらかに異なるものですが、これらの特徴の基底にある心理プロセスを特定するのは、とても一筋縄にいくことではありません。我々の研究室のアプローチは、比較的シンプルな状況下で、類人猿および幼いヒトの子どもが、他者と協働しコミュニケーションを取る際にどのように社会的に関わり合うのか、そのふるまいかたについての両者の相違を特定するというものでした。ここでは、すでに述べたプロセス三セットに、順に焦点を当てていきたいと思います。

（1）連携と協力

（2）寛容と信頼

（3）規範と制度

そして、できるだけシンプルかつ焦点を絞って述べるために、私の考える進化の筋書きを、採食の文脈にほぼ限定することにしましょう。というのも私は、「ヒトにおける協力の進化のカギとなるステップの多くは、日々のパンを生み出す過程で各個人がお互いをどう扱うかに関わっていたのだ」と、考えるようになっているからです[(2)]。

1　連携と協力

定義からすれば、あらゆる社会的な種は、集団内で一緒に比較的平和に暮らしているという意味において、協力的であるといえます。集団での採食は、多くの種においてなんらかのかたちでおこなわれますが、これはおもに捕食されることへの防衛として、です。また、多くの哺乳類は、それぞれの個体が他個体との特別な関係を組み、食物や交配相手を巡る集団内競合における連合や同盟を形成します。さらに、集団間の防衛や対捕食者の防衛もまた、哺乳類の多くの種において集団でおこなわれる行為です。チンパンジーなどの大型類人猿は、多かれ少なかれこういった集団的行為をこなしているため、疑問となってくるのは「かれらの集合的行為がヒトのおこなう協働といかに共通し、いかに異なるか」です。

「協力行為の共有」(3)においては、協働者たちは、まずなによりも互いの志向状態に敏感でなくてはなりません。しかし、この最低限の要件以上に、カギとなるべき特徴がふたつあります。(1)「わたしたちは(相互知識として)Xを一緒におこなう」という意味において、参加者たちがゴールを共有していること。(2)参加者たちが連携してそれぞれの役割――必要ならば他者の役割への援助をおこなうことも含めた、行為のプランやサブ・プラン――をこなすこと、です。ゴールの共有を成り立たせることは、それ自体が一種の連携問題でもあり、そのため、かなり特殊な形態でのコミュニケーションを必要とすることになるのです(4)。

コートジボワールのタイ国立公園の森における集団でのアカコロブス狩りは、野生チンパンジーがおこなう最も複雑な行為連携といえます。ここでのチンパンジーたちはゴールを共有し、狩りにおいて相互補完的な役割を果たします。〝ドライバー〟と呼ばれる個体は、獲物をある特定の方向に追い、他の個体(〝ブロッカー〟)たちは木に登って、獲物が方向を変えないようにします。ここで〝アンブッシャー(伏兵)〟が獲物の正面に移動し、逃げ道をふさぐ(5)。当然ながら、狩りで起こることをこのような相互補完的役割を示す用語で記述すれば、そこで起こっているのは真に協働的な行為に思えてきます。相互補完的な種々の役割があることは、ゴールの共有を意味するからです。しかし、問題は、このような用語が適切かどうかです。

私には、このような狩りを描写するのにはもっと適切なやり方があるように思えます。一頭の雄チンパンジーが、狩りの成功に不可欠な仲間のチンパンジーたちがその辺りにいることを理解しつつ、樹間でサルを追い始めた時点で狩りが始まる。その他のチンパンジーたちは次々と、進行する狩りの瞬間ごとに最適なポジションを取る。第二のチンパンジーは、サルの行く手を塞ぎ、第三のチンパンジーは逃走しそうな他のルートへ向かう。残ったチンパンジーたちは、サルが落ちてきた場合に備えて地面にとどまる。このプロセスでは、狩りの参加者たちは、前もって共有したゴールやプラン、役割の割り当てなどなしに、それぞれが獲物を捕らえるチャンスを最大化しようとしているにすぎない。このような狩りがかなり複雑な集団行為であり、狩りの参加者たちが獲物を取り囲むにあたって、仲間のポジションに互いに敏感であることは間違いありません。しかし、非常によく似たことはオオカミやライオンもおこなっており、かれらがなんらかのゴールやプランを共有していると考える研究者はほとんどいません。チンパンジーたちは、「わたしたち」モードでなく、「わたし」モードで集団行為に参加しているのです。(6)

チンパンジーにおける「わたし」モードでの集団行為とは対照的に、ヒトの子どもは、一歳の誕生日の直後から「わたしたち」モードで物事に取り組み、パートナーとゴールを共有するようになります。これを最もはっきりと示すのがヴァルネケンらによる比較研究で、一四－二四カ月齢のヒトの子どもたちと、ヒトに育てられた三頭のコドモのチンパンジーとに、四種類の協働行為――実益のある、明確なゴールがある課題を二種類と、それ自体を協働的におこなうこと自体以外にはとりたててゴールのない社会的ゲームを二種類――を提示したものです。協働行為におとなが関わっていることを被験者が理解しているか見定めるために、成人のパートナーは、課題に参加することをある時点でやめるよう教示されました。結果は一貫した、そしてはっきりとしたものでした。チンパンジーは社会的ゲームにまったく関心を示さず、参加することをほぼ拒否したのです。一方で問題解決課題では、目的としていた結果をしばしばうまく引き出したことからも分かるように、比較的巧く自身の行動をヒトと同期させました。しかし、パートナーであるヒトが参加をやめると――ゴールへの動機づけが非常に高そうに見える場合でさえも――そのパートナーとコミュニケーションを図って再び協力しようとする様子は見られず、パートナーとゴールを共有していたわけではなかった、と考えられました。対照的にヒトの子どもは、実益のある課題と同様に、社会的ゲームにおいても協働をおこないました。なんと、手に入れた報酬を装置に戻して同じことを繰り返し、実益のある課題を社会的ゲームに変えることさえあったのです。具体的な報酬を得るというゴールよりも、協働すること自体が報酬となったのです。非常に重要なのは、成人が参加をやめると、子どもたちは、パートナーとなんとかしてコミュニケーションを取り、再び協力させようと積極的に働きかけたことです。つまり、一定のゴールをパートナーとそれまで共有しており、再び関与してくれることをパートナーに求めた、と考えられるのです。(7)

我々の研究室でおこなったまた別のふたつの実験は、共有されたゴールに取り組む子どもの能力をさらに踏み込んで示しています。最初の実験は、協働行為をおこなうパートナーふたりともが報酬を手に入れない限り、両者とも満足しないのかどうか――つまり、パートナー同士であるふたりともが利益を得ない限り共有されたゴールは達成されないのかどうか――をテストするものでした。三歳児のペアにとっては大変な課題でしたが、一本のポールを持ちあげ、階段状の装置をのぼってもらいました。ポールの両端をひとりずつが持つのです。両端には報酬の引換証が入ったボウルが取り付けてあり、数フィート先で報酬と交換することができます。ここでの仕掛けは、階段を覆うアクリルガラスに開けられた穴越しに、子どものうち一方だけが報酬を先に手にすることができるというものでした。この位置にいれば子どもは自分の報酬を得られるのですが、もうひとりの子どもが報酬を手に入れるには、ふたりで協力してもう一段のぼらなくてはなりません。運の良かった子どもの中には、先に自分の報酬を交換したものの、戻ってきて運のよくなかった方の子どもが報酬を確実に得られるよう最後の一段を協働した子どももいました。また、自分の報酬を交換する前に、まだ報酬を得ていない子どものことを待ち、援助する子どもさえいたのです。全体としてみればほとんどの子どもが、同様の文脈におかれているものの協働はおこなわない他者を援助する統制条件よりもはるかに熱心に、共有された自分たちのゴールに取り組もう――課題を完全にこなしてどちらもが報酬を得られるようにしよう――としているようでした。(8)

ふたつめの実験では、おとなひとりと子どもひとりとで、明示的な言質を共有することをきっかけにして協働行為をはじめてもらいました。「ねえ、あのゲームやろうよ。いい？」などとおとなが言い、子どもが明示的にそれに同意した場合にだけ、一緒にそのゲームで遊ぶことになるのです。統制条件では、子どもはひとりでゲームを始め、おとなは、求められてもいないのにそれに加わりました。その後、どちらの条件でも、おとなは理由もなしに遊ぶのをやめます。三歳児は（二歳児はそうではありませんでしたが）、自分とそのおとなとが明示的な言質を交わしていたか否かによって、異なる反応を見せました。おとなが明示的な言質を交わしていた場合には、行為に戻るようにという子どもからの要求は強くなり、結局ふたりは合意して一緒にゲームをやることになるのでした。さらに、この手続きのバリエーションのひとつにおいて、別のおとなが子どもを誘って（たとえば部屋の向こうでおこなう、今のよりもずっと楽しそうなゲームで）、共有されている行為から引き離すと、おとなと明示的な言質を交わしていた子どもの方がそうでない子よりもずっと頻繁に、何か言ったり、おもちゃを手渡したり、去り際に顔をのぞき込んだりしながら離れていきました。(9) 子どもたちは自分が言質を破ろうとしていることを自覚して、最初にそれを認めることによってダメージを和らげようとしたのです。

完全に協働的な行為には、ゴールの共有に加えて、労働になんらかの分担が可能であることと、パートナー同士が互いの役割を理解していることとが必要です。また別のある研究では、研究チームは、生後一八カ月前後のごく幼い子どもたちとの協働活動に携わった後に、順番でその子たちと役割を交換し、これまで担当したことのない役割につかせてみました。すると、こんな幼い子どもたちでさえ新たな役割にただちに適応し、かれらが最初の協働活動中におとなの視点や展望を理解していたことが示されたのです。[10] ヒトに育てられた幼いチンパンジー三頭については、同じような役割の転換は見られませんでした。[11] このような役割転換を我々は、「ヒト幼児が協働活動を、ゴールの共有や相互補完的役割とともに、すべて単一の表象フォーマットで『俯瞰的視点』から理解している」（ネーゲルの「どこでもない場所からの視点」に近い）ことを示すものと解釈しています。対照的にチンパンジーは、自分自身の行為を一人称的な視点から、パートナーの行為を三人称的な視点からそれぞれ理解しているものの、活動そのものやそれぞれの役割に関する俯瞰的な視点は備えていません。ヒトの協働行為はこのように、どちらの参加者から見ても、潜在的には自分自身を含めた誰がその役割を果たしても構わない、一般化された役割の組み合わせによって実現されます。

哲学者の中にはこれを「エージェント中立的役割」と呼ぶ人もいます。

協働活動において互いに行為を調整し合うのと同様に、各個体は、注意状態も調整し合っています。乳幼児発達の文献では実際に、最初期の協働行為はしばしば「注意接続的行為」と呼ばれています。生後九カ月ごろ、乳児はボールを転がしておとなとやり取りしたり、一緒にブロックを積んだりするようになります――非常にシンプルなゴールの共有です。子どもたちは遊びに際して、おとなとそのおとなの注意状態とをモニターし、おとなはおとなで、子どもと子どもの注意状態とをモニターします。潜在的に無限再帰的といえるこのモニタリングをうまく記述することはひじょうに困難ですが、こういったことは――原初的なかたちでは――一歳の誕生日以前から、子どもの経験の一部になっているようです。どんなにうまく記述するにせよ、注意のループが可能になるのは、なんらかのゴールがまず共有されてこそ、なのです。「この道具を一緒に作る」、というゴールを共有していることをわたしたちふたりともが理解しているならば、注意の向け先自体がふたりとも同じなのだから、もうひとりがどこに注意を向けているかをそれぞれが知ることは比較的容易になります。わたしたちは「わたしたちのゴールに関連しているのは何なのか」に焦点を合わせるのです。その後乳児は、ゴールの共有がなくても注意の接続に至れるようになります。たとえば、大きな音が響けば、赤ん坊とおとなは一緒にその音に注意を向けます。我々はこれを「ボトムアップ的注意の接続」と呼んでいます。注意をひきつけるイベントによって開始されるものだからです。しかし最初期には――個体発生的にも系統発生的にもそうなのですが――、注意の接続が起こるのはゴールが共有された文脈においてのみなのです。我々はこちらを「トップダウン的注意の接続」と呼んでいます。行為者のゴールによって注意が決まるからです。

協働行為において参加者たちは、共通のゴールに関わる物事に一緒に注意を向けるわけですが、同時に、ひとりひとりがそれぞれに固有の視点を備えてもいます。そもそも視点という概念は、ある注意の接続先をまず共有した上で、異なる視点を持てるようになるということなのです（さもなければ、わたしたちはそれぞれにまったく異なるものを見てしまうことになります）。この、二段階の注意の構造——高次のレベルにおいて注意の向け先を共有し、低次のレベルにおいては複数の視点に分化する——は、協働行為が持つ二段階の意図の構造とそのまま対応しており、結局のところ、そこに由来しているのです(12)。

注意の接続における「視点」は、ヒトのコミュニケーションにとって重要な役割を果たしています。たとえば、一歳児での実験を見てみましょう。おとながひとり部屋に入ってきて、ほどほどの距離のある角度から複雑なおもちゃを眺め「かっこいい！　あれ見てよ！」と言う。ある条件群の子どもたちにとっては、このおとなと会うのは初めてのことなので、かれらは、「〝かっこいい〟と彼女が反応しているのはその玩具を初めて見たからだ」と考えます。しかし、他群の子どもたちは、すでにこのおとなと一緒にその複雑な玩具でたっぷりと遊んでいたため、かれらにとっては、玩具は目新しいニュースではなく、そのおとなとの間で共有している基盤の一部となっています。この場合、子どもたちは、「おとなが玩具全体について話しているはずがない」と考えます——誰も、ふたりともがよく知っているものについて、興奮してもうひとりに大げさに語りかけたりはしません。「おとなは、なにか他の対象か、その玩具のなにか他の側面に興奮しているのだ」と考えるのです。[13]

これまでに示されてきたことはすべて――かなり注意深くそれを見つけ出そうとした、いくつかの実験も含めて[14]――、大型類人猿は注意の接続をおこなわないことを示しています。さまざまなデータが、同じ群れの仲間が獲物のサルを見ていることをチンパンジーが理解していることを示していますが[15]、そのチンパンジーが、自分がそのサルを見ていることを群れの仲間が理解していることを理解している、という証拠はないのです。すなわち大型類人猿は、あらゆる共通概念基盤の認知的土台をなす、「再帰的に〝心を読むこと〟」（この用語を使ってよいなら）の第一段階さえパスしていないことになります。もし、我々が考えているように、相互知識、共通知識、注意の接続、相互認知環境、間主観性、など呼ばれるものに至る最初の段階が、ゴールを共有した協働行為の中で実現されるとすれば、大型類人猿が他者との注意の接続をおこなわないのは、そもそもかれらがゴールを共有した協働行為をおこなうことがないから、ということになります。[16]大型類人猿を対象として我々がおこなった協働に関する研究では、かれらがゴールや注意を共有するための明示的なコミュニケーションをとろうとすることは一切ありませんでした。一方、ヒトの子どもは、ゴールや注意を共有し、当該の協働にまつわるさまざまな役割を調整するために、あらゆる言語的・非言語的コミュニケーションをおこなったのです。

つまり、ヒトの協力的コミュニケーションは、まずは、さまざまな協働行為の中で進化したのです。協働行為こそが、さまざまなトピックを接続するのに必要となる共通基盤を提供し、（推論機構が適切に作用する上で不可欠であることがグライスによって示されている）[17]「協働への動機」を生み出すからです。ここでもう一度、ヒトに特異的なコミュニケーション行為の中で最も基本的なものである指さしについて考えてみましょう。なんらかの文脈を共有していなければ、指さしには何の意味もない。しかし、もしわたしたちが協働行為（たとえば木の実を集める）をおこなっている最中だとすれば、指さしは、ほとんどの場合即時的かつ明確な意味を持つのです（「木の実、そこだよ」というように）。ウィトゲンシュタインが先駆的に指摘したように、わたしは、コミュニケーション行為が埋め込まれる生活形式（*lebensform*）次第で、一枚の紙を指し示すこともできれば、その色、かたち、または他のさまざまな側面を指し示すこともできます[18]。なんらかの生活形式――協働行為はおそらくひとつの典型例でしょう――と結びつくことで、共有された社会的実践（これなしでは、意味を持つはずのジェスチャーも空虚なものになる）における指さし行為の基盤が与えられるのです。このような基盤化が成り立っていなければ、「恣意的な」言語シンボルを用いる慣習的コミュニケーションさえ、ただのノイズになってしまいます。ヒトは、協働行為の中で協力的コミュニケーションの手段を発達させてしばらくたってからはじめて、そういった行為の枠外でも協力的コミュニケーションをおこなえるようになったのです。

ようするに、ヒトの協働行動をヒト特異的なものたらしめている構造とは、「注意の接続と参加者それぞれの視点とによって相互調整された、おのおのが役割を果たしながらひとつのゴールを共有する構造」に他なりません。ヒトは、スキームズの言うスタグ・ハント[19]を介して、強固な互恵的利益をもたらすこういった類いの行為に従事する技能やモティベーションを進化させてきたのです。協力的コミュニケーションをつかさどる技能やモティベーションは、協働行為をつかさどる技能やモティベーションと共進化しました。というのも、この種のコミュニケーションは、上記の行為あってこそのものでもあるし、共有されたひとつのゴールと分化した諸役割とを共同構築するのに必要になってくる調整作業を促進することで、行為に貢献するものでもあるからです。現代の幼い子どもたちに見出されるような強固な協働行為は、ヒト進化における最初期の協働活動とほぼ変わらないと私は考えています。これらの行為の基本構造は、大きな獲物を協力して狩ることや、ある個体が他の個体の木登りを援助して、あとで分配すべき食物を手に入れるといった協働的な果実採集のそれと同じなのです。それどころか私は、こういった技能やモティベーションを発達させた生態学的文脈こそが、ある種の協働採食だったのだと信じています。ヒトは、協働で食物を収集しなくてはならないようななんらかの選択圧の下に置かれ、絶対的な協働者にならざるをえなかったのです――近縁な霊長類がそうでなかったことを考えれば[20]。

観察や行動・認知の分析よりもう少し物質的なことを求める人は、ヒトが、ひじょうに風変わりで、協力性と結びついていると思われる生理的特徴を備えていることを考えてみてください。ヒトを除く二〇〇種以上の霊長類の目は基本的に暗色であり、強膜（一般には白目と呼ばれる）があまり露出していません。ヒトの強膜はかれらとくらべて三倍程度大きく露出しており、視線方向が他者に検出されやすくなっています。最近の実験によれば、チンパンジーは、他者の視線方向を追う際に、ほぼ例外なく頭の向きを手がかりにします――実験者が目を閉じていても、実験者の頭の向きを追うのです。一方ヒトの赤ん坊は、おもに実験者の視線方向を手がかりにします――頭部が正面を向いたままでも、実験者の視線を追うのです(21)。進化的に考えれば、わたしの視線をたやすく追うことができることが、あなたにとってどうして有利になりうるのか、簡単に想像がつくでしょう――たとえば、遠くの捕食者や食物を覗き見るといったように。しかし、あなたにとってのなんらかの利益に基づいて、わたしの強膜の白さが自然選択されることはありえません。わたしにとって何らかの利益がある（あるいはわたしにとって何の不利益もない）はずです。我々の「〝協力する目〟(cooperative eye) 仮説」では、自らの視線方向をみんなに知らせることが進化しうるのは、そこに他者からつけこまれて自分が不利益を被ることがなさそうな、協力的な社会環境においてのみであると考えました。つまり、ひとつの可能性として、ある個体の視線を他者が追うことを促進するような目は、共有された課題において互いの注意の向け先をモニターしあうことが各個体の利益になるような、協力的な社会集団において進化した、と考えることもできるのです。

2　寛容と信頼

さまざまな協働活動にここで焦点を当てているのは、それらが、ヒトだけに備わった多くの資質の鍵となるからです。しかし、進化の筋道においては実際のところ、協働行為はある意味での中間ステップです。より初期の段階が存在し、複雑な協働行為が進化する下地となっています。我々が議論してきたような協力が、つねに競合しあっている動物において、進化的な意味で前進することはまずなかったでしょう。洗練された協働的スキルへの選択圧がわれわれの祖先集団に生じうるには、まず何らかのかたちで——我々の現在のストーリーでは食物を巡って——寛容と信頼が生まれる必要がありました。

社会性についての進化的説明では通常、「動物は、捕食者に対抗する中で社会的になった」といわれます。たいていの場合は、集団となることで防衛がもっとも首尾よく成し遂げられるのです。防衛が必要とされない場合には、どの個体も自力で採食した方がうまくやっていけます。食物を巡って常に競合している必要がないからです。食物が分散している場合には、一般的にまったく問題はありません——アンテロープは、防衛のために寄り集まりながらサバンナいっぱいに生える草を食んでいます。しかし、食物が凝集して見つかる場合には、順位性がその鎌首をもたげます。霊長類の群れが果実のたわわに実った木を発見したら、まずたいていは奪い合いと競合が起こり、食べる際には、個体は互いに少なくとも二－三メートルの距離をとって採食をおこないます。決定的に凝集的な食物資源となるのが、獲物となった動物です。当然ながら、狩猟が単独でおこなわれたならば、獲物が競合にまつわる問題の引き金になることはありません。しかしライオンやオオカミなどの社会性食肉目では、集団での狩りが、「獲物をどのように分け合うか」という問題を生じさせます。これを解決するには、ある個体たちが多めに食べたとしても他の個体たちにも十分に行き渡るくらい、獲物が十分に大きければいい。ある個体が獲物をしとめたとしても、他の個体がそこにやってくれば、幾分かを食べるのを許容しなくてはなりません。というのも、競合者を払いのけようとすることは、他個体の獲物を失わせることになるからです（これがいわゆる「食物分配における掠《かす》め取り許容モデル」です）。

チンパンジーは、主に果実をはじめとする植物を食べて生きています。果実はゆるく凝集的な、価値の高い資源であり、競合を促進しやすい。しかし先に述べたように、チンパンジーはアカコロブスを集団で狩ることもあります。この集団狩猟は一見、ゴールの共有と分業的労働を伴う、真に協働的なもののように見えます。コロブスを捕えると、狩猟の当事者たちは、狩猟に参加しなかった傍観者たちよりも多くの肉を得る。このことは「フェアな獲物の分配を伴うゴールの共有」という考え方を支持しているようにも思えます。[22] しかし、最近の研究は、そうではないことを示しています。第一に、獲物をしとめたチンパンジーはすぐに、できることなら獲物と一緒にしとめた場所から雲隠れするか、梢の端まで登って他のチンパンジーの接近を制限して仲間を避けようとします。しかしたいていの場合、ひとり占めしようとしてもうまくいくことはなく、肉を引っ張って分配を求める個体に囲まれてしまうことになるのです。獲物の所有者は、要求者が幾分かの肉を得るのをたいてい許容します。研究者の定量的な記述は、要求や嫌がらせに対する直接の反応としてこのような寛容が起こることを示しています。要求者は、要求やいやがらせをすればするほど、より多くの食物を得ているのです。いやがらせの激しさは、それをおこなう個体がどの程度本気で闘うつもりなのかの指標であり、この闘う意思は、少なくとも部分的には、狩りに参加したことによる興奮からもたらされていると考えられます。また関連して、しとめ損ねた狩猟者ですら、後から来た個体よりは多くの肉を得られる、という可能性もあります。狩りに参加していた狩猟者たちは最初に獲物に接し物乞いをおこなえるけれども、後で来た個体たちは第二陣に甘んじることになるからです。[23]

チンパンジーの集団狩猟に関するこういった見解を、第一章で触れた、メリスらによる研究も支持しています。研究者たちが二頭のチンパンジーに対して、手の届くところにある二本のロープのうち一本（食物を載せた台に繋がれている）を二頭同時に引かなくては手に入れられないようにして、食物を提示したのを思い出してください。ここで見出された重要な点は、食物がふた山、チンパンジーそれぞれの正面にひと山ずつあった場合には、同期したひも引きが起こり、うまく食物を手に入れられることが多かった。しかし、二頭の真ん中に食物がひと山だけ置かれた場合——つまりは分配に面倒が生じるわけですが——には、協力はほぼ完全に破綻したことです。一般的にチンパンジーは食物に関して競合的であるため、かれらが行為を同期させられるのは、獲物の分配問題が何らかの形で解消に向かう場合に限られてしまうのです。ヒト近縁種のもう一方で、チンパンジーよりも協力的であるといわれているボノボを対象とした類似の実験でも、凝集した食物の山の分配についても少しは高い寛容性が見られるものの、結果がそれほど大きく異なるわけではありませんでした。(24)

同じ方法で研究がおこなわれたヒトの子どもの場合は、食物が凝集しているからといって協力行動が妨げられることはまったくありませんでした。それどころかかれらは、小競り合いすらおこさずに等分するためにさまざまな手段を講じるのです（子どもたちの中にきょうだいが含まれていなかったことは、ここで明記しておくべきでしょう）。興味深いことに、このような中で子どもたちは互いに、公平性を巡って異議を申し立てあうことがあります。ある試行で、ひとりの女の子が、パートナーと一緒に引き寄せたキャンディーを独り占めしてしまったことがありました。しかしキャンディーがもらえなかった子は異議を申し立て、欲をかいた方の子はすぐに折れることになったのです。

ふたりともが同じだけの分け前を手にした時には、異議申し立てが観察されることはありませんでした。

現在進行中の実験はこの研究を拡張して、集団行動にまつわるさまざまな問題を検証しています。たとえば、被験者たちは二セットの報酬が載ったボードを引き寄せるのですが、食物の分配が極端に不均等な場合があるのです――わたしは五個であなたは一個、あるいはわたしは六個であなたは〇個、というように。食物をもっとフェアに分配するようななんらかの調整がおこなわれないかぎり、協働は次第に破綻していくでしょう。これはまさに、チンパンジー実験で経験されたことです。アンラッキーだった方のチンパンジーは、報酬のないまま一－二試行の援助はおこなうものの、その後は援助をつづけることを拒否し、最初の尽力は無駄に終わります。食物を手にできた方のチンパンジーが分配をおこなうことはまずないため、更なる協力は未然に阻まれてしまうことになるのです。しかし、ヒトの子どもなら、報酬をもっとフェアに分配するさまざまな手段を見出して、協働が何試行にも渡ってつづくようにするのではないか、というのが我々の仮説です。

これらの研究から、ヒトとチンパンジーとでは、食物を巡る競合が、まったくレベルを異にした強度で起こっていると考えることができます。各個体に利益をもたらす協働行為を可能にする複雑なスキルと動機づけとがヒトにおいて進化するには、食物を巡る激しい競合や食物分配における寛容性の低さ、食物を差し出す行為の欠如といった類人猿的なパターンから脱するなんらかのステップがまずはあったはずです。チンパンジーにおいても、獲物であるサルを捕えうる十分な可能性が各個体にあり、獲物を捕えられなかった参加者でも、捕獲者にしつこく迫れば幾分かの肉を口にできるという「大きな獲物」シナリオにおいては、協働的にふるまうことは比較的容易です。しかし、狩りの成功が戦利品を巡るいさかいを必ず引き起こすことを狩猟者たちが知っているなら、（ヒト的な意味で）ゴールを共有する余地など、どこにあるのでしょう？

ヒトが、高い社会的寛容性を身に着け食物に関して競合的でなくなった背景に関しては、進化上の仮説が数多くあります。採食文脈の中だけで筋立てを組むことも可能でしょう。協働が当たり前になるにしたがって食物を巡る競合が穏やかになり、他者に対して寛容な個体の適応価が自然と高まった、というように（スキームズが示したように、おそらくは両者が呼応しあったと思われます）。また、狩猟採集社会は平等主義的になる傾向があり、ならず者がしばしば追放されたり殺されたりするため、ヒトは、攻撃性の強い個体や強欲な個体を排除する一種の自己家畜化過程をくぐってきたと考えることもできるでしょう(25)。

さらには、いわゆる協力的繁殖（協力的子育て）の重要性も指摘できます。驚くべきことに、ヒト以外のあらゆる大型類人猿では、子育てのほぼ一〇〇％を母親が担っています。ヒトでは、伝統的社会から現代社会に至るまで、平均値は五〇％に近い。協力的繁殖のシナリオでは、ヘルパー（母親以外のすべての養育者をこう呼ぶ）はしばしば能動的な食物供給や基本的な世話といった向社会的行動に従事します。『母と他者（"Mother and Others"）』においてサラ・ハーディは、社会的文脈のこのような――ヒトが必要とする採食手段や雌雄間の一夫一妻的関係の変化によって引き起こされた――変化がヒトに特異的な向社会的な動機付けを生み出したと主張しています。(26)

ここで述べたシナリオのどれもが実際に関与していた、というのももちろんありうることです。ここで重要なのはただ、「類人猿から一線を画したヒト進化には、経験の情動的・動機的側面も含めなんらかの最初期段階が存在し、それこそが協働行為や志向性の共有を可能にする複雑な技術や動機づけが選択されうるような新たな適応的スペースにヒトを押し上げた」ということです。

わたしたちがお互いに利益をもたらすような協働行為に従事する際、あるいは、あなたが自分の役割を果たすのを直接に助けるなり有用な情報を提供するなりしてわたしが援助する際にも、わたしは、わたし自身を援助していることになります。あなたがうまく役割を果たすことは、わたしたち全体の成功にとって重要なのですから。このように、利他性に向かう動機が進化する最初期のステップが成立する上で必要な、守られた環境が、相利的行為によって可能になっているのです。個体が援助的な態度を拡張できるような諸条件は、この環境を前提に進化せざるをえません。この、進化的に後につづくステップをうまく説明するには、おなじみの諸要素を思い起こす必要があります――互恵性と評判とが先陣を切り、懲罰と社会的規範とがあとにつづくのです。相利的行為からも離れ、血縁淘汰の文脈からも離れた特異的な利他的動機を生み出すことは、不可能ではないにせよ非常に困難でしょう。しかし、すでにあった動機を新たな個体や文脈に般化するのであれば、進化的にはほとんど大きな問題はありません。条件さえ整えば、認知と動機を支えるメカニズムはすでにそこにあるのです。

3　規範と制度

進化の筋道で考えるなら、この時点でわれわれは、現生の大型類人猿たちよりも寛容で、互いの信頼が篤く、また、志向性の共有や協働のためのスキルや動機づけをより強く備えたヒト科の祖先種を想定することができます。しかし、この枠組みを完成させる——採食とお買い物とをつなぐ——には、なんらかの集団プロセスが必要になります。具体的には、社会的規範や制度が必要です。

第一章で述べたように、「社会的に取り決められ、互いが承知しているような期待が社会的圧力を生じ、第三者集団によって監視され執行されること」を社会的規範と呼ぶならば、大型類人猿に社会的規範が存在するとは私は考えていません。しかし最近の研究で同僚と私は、ヒトの霊長類学的祖先に関わるような行動をふたつ報告しました。我々研究チームは、互酬的な板引き課題のとあるバージョンにおいて、チンパンジーが協働のパートナーを選択できるようにしました。一頭はこれまでのテストから非常に良い協働相手であることが（研究者にとって）あきらかな個体、もう一頭はそうでないことがあきらかな個体でした。テストに臨んだチンパンジーは、どちらがどうかをすぐに学習し、協働してくれない相手を選択するのを避けたのです。[27] もちろん、チンパンジーたちは単に自分の取り分を最大化しようとしただけで、「協働してくれない相手を罰してやろう」などとは思っていないでしょう。しかし――「生物学的マーケット」と呼ばれたりもする中では――このような選択は、協働しない個体のやる気をそぐことになります。かれらは、利益の生じうる機会から排除されるのですから。ということは、このような排除がおこなわれることは罰の先駆体とみなすこともできます。

我々の研究室でおこなったまた別の研究は、あるチンパンジーが別のチンパンジーから食べ物を横取りすると、被害者は横取りした個体が食べ物を保持したり食べたりできないようにすることで応酬することを示しました。しかし、現在おこなっている研究では、これまでのところ、それを観察した個体が似たような行動を示す事例は観察されていません。自分の分が横取りされたのでさえなければ、横取りした個体が獲物を堪能するのを邪魔したりはしない（その他の制裁を与えることも一切ない）のです。発見のための努力を今も続けてはいるものの、第三者による懲罰はこれまで一切観察されていません。チンパンジーが見せる、排除と応酬というふたつの行動は、集団内における非社会的な行動を抑制するのに役立ちます。しかしどちらについても、そこに社会的規範が――

ましてや第三者の立場からの行為者中立的なものとして——適用されることは一切ないのです[28]。

これに対してヒトは、多くの規範は両者が入り混じったものではあるものの、基本となる二タイプの規範で動いています。協力という規範（道徳的規範を含む）、および、同調という規範（構成的規則を含む）です。

歴史的に見ればおそらく、協力という規範は、日々の仕事にでかけようとする個体同士が、個別的にせよ集団にせよ、なんらかのかたちで互いに鉢合わせするような状況から生じるのでしょう。まだよくわかっていない複数の過程を経て相互の期待が生まれ、他者に異なる行動をとるように仕向けたり[29]、あるやり方でふるまうことについて平等主義的なやり方で合意したりします。そのようにしてなんらかの均衡がもたらされるのです。「すべての個体が必ず協力せねばならない」という相互認識にもとづく行動への期待がこの均衡を支配している限りにおいて、われわれは社会的諸規範や諸規則について語ることができるようになるのです。

こういった協力規範はいったいどこから来て、どんな役に立つのでしょう？　この、社会科学でもっとも深遠な問題のひとつについて、決定的に新しいアイディアがあるふりをするつもりはありません。私が提案したいのはただ、「現在の子どもたちがおこなっているさまざまな協働行為こそが、さまざまな協力という社会的規範にとっての自然の揺り籠である」ということなのです。なぜなら、そこにはふたつの重要要素の種子があるからです。まず、社会的規範には力があります。この力は、規範に背いた者に懲罰がありうることから生じるともいえますが、同様に規範には合理的な側面もあります。互恵的な協働行為に参加するわたしたちふたりはどちらも、「共有するゴールを果たせるかどうかは相手にかかっている」ということを互いに認識しています。このことは元来、合理的行為についての個別的な規範性――このゴールを成し遂げるにはわたしはXをしなくては（これは、認知によって誘導される枠組みを持つあらゆる生物の特性です）――を、合理的な行為の接続という、ある種の社会的規範性――わたしたちが共有するゴールを果たすには、わたしはXを、あなたはYをしなくては――へと変容させます。あなたがYをしなければわたしたちの失敗はあなたの行動のせいで、わたしはあなたに腹を立てることになる。わたしが自分の役割を果たさなければ、やはりわたしたちは失敗するのだが、この場合は、わたしはあなたの苦境に同情する（そしておそらくはじぶん自身に腹を立てる）ことになる。このように協力規範の力は、相互依存性をわたしたちが互いに認識していることと、じぶん自身や他者の失敗に対するわたしたちの自然な反応とからも生じるのです。

しかし、社会的な非難をおこなっていることだけで、協力に関する社会的規範が存在するとはまだいえません。というのは、鍵となるふたつめの要素、一般性に欠けるからです。規範的判断には定義上、ある個人の特定の行為を比較しうるようななんらかの一般化された基準が必要となります。あるコミュニティにおいて、なんらかの協働行為がその社会集団のさまざまなメンバーによって何度も繰り返され、場面が変わればそれをおこなう個体も分担する役割も変わるならば、その協働行為は、その構造を――ゴールが共有されさまざまな役割を含むという意味で――誰もが互いに認識している文化的慣習となります。たとえば、樹上のハチの巣から蜂蜜をあつめるには、ひとりが木のわきに立ち、もうひとりが肩によじ登って巣から蜜を集めて下に手渡す。そして三人めが器に蜜を注ぎます。初心者たちがそれについて回り、この行為におけるさまざまな役割を社会的に学習するにつれ、個々の役割は一般化されたかたちで定義されるようになり、「役割Xを分担する誰それは、集団が成功を収めるにはこれこれのことをせねばならない」という、集団内での相互の期待が生じます。ある特定の役割を分担した個人へのいかなる賞罰も、集団内の顔見知り同士である誰でもに当てはまる基準を背景としておこなわれなければなりません。「わたしたち」が相互交換可能な役割を分担し相互に依存しつつ行為する社会的慣習は、時間を経る中で、一般化されたエージェント中立的な規範的判断をもたらす相互への期待を生み出すのです。

社会的慣習とその規範的側面の誕生をひろく描き出すのに、我々のおこなった援助実験のひとつで見られた典型的な場面をひとつ簡単に説明しましょう。まず、おとながキャビネットに雑誌を片付けているのを、子どもが受動的に観察します。つづく第二ラウンドでは、おとなが両手に雑誌を抱えているために扉を開けられないでいると、子どもは扉を開けて彼を助ける。この成りゆきを理解した上で第三ラウンドでは、子どもは万事を予期するようになり、雑誌を取り出すという協働行為の中で前もって扉を開けたり案内をしたりします。場合によっては、どこに雑誌を置けばよいか、子どもがおとなに（指さしで）指図しさえするのです。このようなことを三回もおこなえば、子どもとおとなとは互いの行動に関する相互の期待を育み、子どもは、行為を構造化して、「それはそっち」とでもいうようにおとなとコミュニケーションをとるようにさえなります。つまり、この活動においては、いくつもの任務が規範の要求に従って遂行されるようになったのです。我々の進化の筋書きにとって特筆すべき点は、この子が生後たったの一八カ月で、話しているとはほとんどいえず、いかなる規範的な言語も使用できていない（仮にその子の指さしについて私が解釈を下せたとしても、それが唯一可能なものというわけではない）ことです。にもかかわらず、我々の研究のいずれにおいても、おとなとの協働行為をたった一、二回経験するだけで、子どもはただちに、「これはこうするものなのだ」、「これが『わたしたち』のやり方なのだ」と判断したのです。

ヒトの行動は、協力の規範だけでなく、同調あるいは慣例遵守の規範によっても導かれます。ヒトの進化過程のどこかで、ある集団に属する個体が皆同じようにふるまうことが重要になり、同調への圧力が生じたのです。ここでの近接的な動機は、他のみんなのようにふるまいたい、集団に受け入れられたい、そして、他の集団と競合しているその集団を構成する「わたしたち」のひとりでありたい、ということです。わたしたちがひとつの集団として機能しようとすれば、過去に効果があったことがはっきりしているやり方で諸々のことを運び、わたしたちと、わたしたちのやり方を知らない他者とを区別できなくてはなりません。模倣と同調はいろいろな側面にわたって、ヒトを進化的な意味で新しい方向へと導く核心的過程なのかも知れません[30]。というのは、模倣も同調も、集団内の高い画一性および集団間の異質性を、生物学的な時間スケールよりも早く生み出しうるからです。この奇妙な――おそらくは他の種では見られない――事実ゆえに、文化的な集団選択（淘汰）の新たな過程が可能になります。ヒトの社会集団は、言語や衣服、慣習などにおいて互いに大きく異なるようになり、互いに競合します。もっとも効果的な社会的慣習を備えた集団が他集団よりも繁栄する。これがおそらくヒトの内集団／外集団というメンタリティの源であり、こういったメンタリティはごく幼い乳児にさえ備わっている（たとえば、自分が話せるようになる前から、自分と同じ言語を話す人とかかわることを好む）ことが分かっています[31]。

協力の規範も同調の規範も、罪と恥――これらはなんらかの社会的規範、あるいは少なくとも社会的判断や生物学と文化との共進化的過程を前提としています――によって固められています[32]。UCLAの人類学者であるロバート・ボイドは、「罰と規範は、（「囚人のジレンマ」などの複雑な動機をはらむゲームにみられるような）競合の問題を、調整の問題へと展開する」と看破しました。罪や規範がなければ、個々の行為者はたいてい「自分がどうやって食物を手に入れるか（そしておそらくは他の連中がどうやって食物を手に入れているか）」ばかり考えている。しかし罰と規範があると、自分がなにがしかの食物を手に入れたとしても、「潜在的な処罰者やゴシップはどのように分配することを期待し望んでいるのか」についても考えなくてはなりません。つまり、罰を逃れたければ、他者の期待や願望とうまく折り合いをつけなくてはならなくなるのです。内面化された社会的規範は、罪悪感や恥が伴うことによって、集団の期待との調整に明示的な行動が介在することをまったく不要にします。

諸規範が信頼の土壌となり、この土壌の上で、ゴールの接続や注意の接続を伴うエージェント中立的役割や協力的行為の共有が、社会制度を可能にします。しかし、社会制度の特徴である、慣習によって成り立つさまざまなリアリティが生み出されるには、さらにもうひとつの成分が不可欠です。特殊な類いの想像力と、表象的なコミュニケーションです。表象的なコミュニケーションの起源についてお話しすると、長くなってしまいます[33]。それは、課題を行う際のさまざまな協力のしかたと深く関わりつつ、注意接続的行為に含まれる指さしジェスチャーとともに始まりました。しかし、「今、ここ」にないものごとについてコミュニケーションをとる必要が生じ、（まだ慣習化はされていないものの）表象的ジェスチャーが生み出されます。一種のディスプレイとして、わたしがあなたのために、ある光景のパントマイムを演じるのです。ヒト（すなわち、指さしジェスチャーとともに出現したグライス的なコミュニケーション意図を既に理解している者）にとって、表象的ジェスチャーは「自然に」理解可能なものであり、ヒトは、他者の行為を「特定の結果へと意図的に向けられたもの」として見ることができるのです。

子どもに関して、われわれが最初に目にするこの種のものは、ふり遊びです。ふり遊びは単独でおこなう行為であると考えられがち――年長の子どもではたしかにそういう側面もあるでしょう――ですが、その起源は（少なくとも他者に向かって色々な場面を演じることについては）本来社会的なものです。子どもたちは、他者とのあいだで「この棒切れを馬として扱う」というコミットメントの接続を形成します。われわれはこうして、新たな地位機能を生み出すのです。「ふり」の中で社会的に生み出されたこの地位機能こそが、個体発生的にも、そしておそらくは系統発生的にも、この紙切れがお金でありあの人が首長である、といった集団的合意、そしてそれらの合意から派生するあらゆる権利と義務の先駆体なのです[34]。最近の重要な研究として、合意のもとに割り当てられたこれらの地位機能が、幼い子どもにおいてさえも規範としての力を持つことを示したものがあります。この研究では、子どもはおとなとの間で、「この積み木はパンで、食べるもの、別の積み木は石鹸で、洗うもの」――どちらについても物体そのものとその使い途は想像上でのみ結び付いています――という合意をおこないました。そこに出てきたパペットが「石鹸」を食べようとしたりして合意ずみの割り当てを乱すと、それに対して子どもは激しく異議を唱えたのです[35]。この積み木がパンでそっちは石鹸、とわたしたちが合意したのだから、いかなる逸脱も正さなければならないのです。

このように、「この積み木は石鹸」という子ども同士の共同協定は、集団的合意や実践が物体や行動に特別な義務的地位を付与するようなヒトの制度的リアリティが成立する上での、ひとつのステップとなります。しかしこういった共同協定は、慣習から生み出された表象的リアリティ――「ふり」や制度のシナリオ――に端を発し、その表象的シナリオ内部で集団的に、それにまつわる役割や構成要素に義務的強制力が生まれてゆくという点において、典型的な社会規範とは異なります。

「現在見られるようなさまざまなヒトの生活様式が生み出されてきたということは、ホモ・サピエンスは、他の霊長類には情動的にも認知的にもまったく備わっていないような協働行為からスタートしたに違いない」というのが、私の「類人猿はシルク・ヒトはスキームズ」仮説です。具体的には、ヒトは、ゴールを共有し、個別的だけれども一般化された役割を備えたさまざまな協働活動をおこなうようになり、参加者たちは、「それがうまくいくかどうかはお互いにかかっているのだ」ということを相互に認識するようになった。こういった活動は、権利や責任、多様な分業、さらには（さまざまな社会制度にみられるような）一般化されエージェント中立的な規範的判断や地位の割り当てといったものの種子となります。協働活動はまた、ヒトの利他的行為や、ヒト特異的な協力的形式でのコミュニケーションの源でもあります。つまり、協力的活動を共有して力を合わせる人々こそが、ヒトの文化の創始者たちなのです。こういったことがヒト進化の過程でどうやって、なぜ生まれたのかは分かっていません。しかし、採食（狩猟でも採集でも）の文脈で、ヒトは、他の霊長類とは異なって協力者にならざるを得なかったのだと考えることもできるでしょう。

もちろん、「ヒトは協力する天使たちだ」というわけではありません。ありとあらゆる憎むべき行為をおこなうのに力を合わせることだってあります。しかし、そういった行為が、同じ集団の内部に向けられることはあまりありません。近年の進化モデルは、政治家たちがこのことを昔から知っていたことを示しています。ひとびとが協働し、ひとつの集団として考えるように仕向ける最良の方法は、敵を特定し、「かれら」が「わたしたち」を脅かしていると非難することなのです。要するに、ヒトのすぐれた「協力する能力」は、おもに局所的集団内のインタラクションに向けて進化したようなのです。このような「協力におけるこころの集団志向性」こそが、皮肉なことかも知れませんが、今日の世界における対立や苦痛の主な要因となっています。解決策は——言うは易くおこなうは難しですが——集団を定義するあらたな方法を見出すことです。

第三章　生物学と文化が出会うところ

進化的な成功を集団サイズで測るなら、ヒトが他の大型類人猿に比べて特に成功したのは、ごく最近になってからのことです。具体的には、ヒトの個体数が劇的に増加したのはたかだか一万年ほど前、農業と都市が成立してからのことなのです。農業と都市の成立こそが、あらゆる協力組織やそれにまつわる問題をあらたに引き起こし、食料品店でのコスト計算から、個人資産を守る法律システム、分業の手段としての社会的階層、集団の凝集性を生み出す宗教的儀式などなど、気の遠くなるような複雑性で溢れかえる産業化社会に至るまでのあらゆるものを導いたのです。しかし、

「農業と都市の出現に始まるヒト社会における諸変化は、生物学的な適応とみなせる」と考える者はまず誰もいません。これらの変化は、起こったのがごく最近であることと、それ以前にすでに現生人類がこの惑星中に分散していた（つまり、種レベルでの生物学的な変化はまずありそうにない）ことを考慮すれば、もっぱら社会学的な変化と考えられるでしょう。[1] ということは、現在の産業化社会におけるひじょうに複雑な協力のありかた——国連からインターネット経由での買い物まで——の多く（すべてではないにせよ）は、一義的には、小集団内でのインタラクションの中で生物学的に進化した、協力にまつわる技能や動機づけ（類人猿や幼い子どもについての我々のシンプルな研究で見てきたようなさまざまな利他的、協働的行為）から成り立っているということになります。

しかし、こういった小集団内でのインタラクションの内にもすでに、ヒトの子どもと類人猿との間の根本的な相違を見出すことができます。ヒトの子どもは、個体発生のごく初期から、チンパンジーや他の大型類人猿には見られないようなかたちで利他性を示すのです。チンパンジーが、なんらかの目的を遂げようとする他者に対して援助行動をおこなうことがあるという証拠は得られてはいるものの、かれらは食物に関しては（ヒトの子どもやおとなと比較すると）とりたてて寛容とはいえませんし、コミュニケーション（ヒトがおこなう多様な方法のうちどれにせよ）を通して情報を自由にやり取りすることもありません。繰り返しになりますが、協働に関していえば、ヒトの子どもは、個体発生のごく早期からヒト特有のやり方で他者と協働します。かれらは、他者とともに、自分たちが規範的に関わるべき共通のゴールを形成し、さまざまな領域にわたって注意の接続と概念基盤の共有とを成し遂げ、無力なはずのものに義務的な力を与える表象的・制度的リアリティを生み出します。子どもたちは、個々のゴールに貢献するためばかりではなく、協働行為そのものをおこなうために、さまざまな協働行為に参加しようとするのです。

いうなれば、この頂点に位置するのが社会規範です。ヒトは、進化的には、相互に期待すべき行動の基準を生み出し、個体発生的には、子どもたちがその基準を内面化します。誰もが、――コストのかかる（利他的な）罰をもってしてさえも――これらの基準を押し付けようとします。最初に来るのが協力の規範であり、協働のパートナーとの相互依存、そして、自分に似た存在である他者に向けられた互恵的感覚や関心の上に築かれます。次に来るのが同調の規範であり、社会集団に所属し、その集団と同一化し（さもないと追放される危険を冒すことになる）、われわれの集団を他と区別する必要性の上に築かれます。どちらの規範も（協力・同調、両方の要素を併せ持つ多くの規範も含めて）、外部からの社会的圧力があるのと、志向性の共有によって制御される協力的インタラクションが社会的な合理性を備えているおかげで、今日の子どもたちに尊重され、内面化されるのです。

ヒトの典型的な個体発生はこのように、他の霊長類の個体発生に含まれない文化的な側面を必然的に含んでいます。ヒトはひとりひとりが、自分の文化に属する他のメンバーがどのようにものごとをこなすのか、さらには、自分がどのようにすることがメンバーたちに期待されているのかを学習しなくてはなりません。種特有の認知的・社会的スキルを多様な社会的文脈のもとで発達させることはチンパンジーにも可能です。しかし、ヒトの文化的ニッチと、それに参加するスキルおよび動機づけとを抜きにしては、ヒトの子どもは、順当に機能する一個人とはなり得ないでしょう。ヒトは、文化という文脈の中で成長し成熟を迎えるような生物学的適応を遂げています。われわれは、協働をおこなうことでさまざまな文化的世界を築きあげ、そして、絶えずその世界に適応しようとしているのです。

Ⅱ　フォーラム

ジョーン・B・シルク

人類が互いに、そしてこの惑星に対してもたらしてきた災厄を挙げたてれば枚挙に暇がないこの時代に、人間科学の驚くべき進展が、わたしたち自身の持つ協力する能力、他者の幸福への関心、利他性への社会的選好にスポットライトを当てるようになったのは皮肉なことです。しかし、「ヒトはどうやってこれほど利他的な種になったのか」という問いに人間科学の諸領域が集結するのを見ているのは、とてもわくわくすることです。

この問いに答えようとするさまざまな取り組みを活気づけているのが、進化理論、霊長類行動生態学、認知心理学、経済学、そして人類学それぞれからの理論的、方法論的、実証的な貢献です。このような学際的連携のおかげで、私のような霊長類行動生態学者も、行動経済学の方法を借りて、子どもたちがいかに互恵性への社会的好みを発達させるかについての系統だった実験をすることができます。また同時に、マイケル・トマセロのような発達心理学者がゲーム理論について考えるようになり、エルンスト・フェアのような経済学者が、効用関数が形成される究極要因について考え、ヒトの心の仕組みを理解することが、経済理論の発達において、数学の理解と同じくどれほど重要であるかを考えるようになるのです。

トマセロの主導によっておこなわれているヒトの子どもと類人猿での研究は、さまざまな研究領域間での相互連携の価値を証明するものです。

第二章でトマセロは、類人猿とヒト、それぞれの協力能力に影響していると考えられる数々の相違に注意を向けました。類人猿には、注意を接続することができないし、ヒト社会と比較すると信頼や寛容も限定的で、集団レベルでの利益を生み出すような活動をおこなうこともずっと少ない。私は、これらのリストにもうふたつ項目を加えたいと思います。まず、好みが完全に一致しているわけでもない者同士の大集団で協力を組織化できるのはヒトだけです(1)。また、ヒトは、類人猿よりも強く、他者の幸福に関心を示します(利他性への社会的選好としても知られています(2))。

トマセロは、互恵的な営みに加わることによって利益が得られることが、(彼があきらかにしてきた）ヒトの際立った能力が進化する上で有利に働いた、と指摘しました。しかし、この説明の中では、利他性は小さな役割しか果たせていません。私はこの点には納得していませんので、ここでは、それがなぜなのかを説明してみたいと思います。

まず、スタグ・ハント――一緒に狩りをするふたりのハンターは鹿を仕留められるが、ひとりでは野ウサギ一羽しか仕留められない(3)――は、非常に極端なケースです。ここでは、両者の利害は完全に一致しています。なぜなら、個々のプレイヤーが判断しなくてはならないのは狩るか／狩らないかだけであり、どちらのプレイヤーも（a）自分に狩る意思があるかどうかについてパートナーに嘘をつくことで利益が得られたりしないし、（b）一度狩りが始まってしまってから「やっぱりやめる」ことも、得にはならないからです。このゲームでは、協働することが、プレーヤーそれぞれにとって、可能な中で最良の解となります。

スタグ・ハントのシンプルな利得シナリオが、自然界での多くの状況と一致するのであれば、協力はさまざまな場面でみられることになるでしょう。個体の利害と集団の利害とが完全に一致するのであれば、協働することで、個体それぞれが独力で得られるであろう利得よりもはるかに多くのものが得られるし、そういったインタラクションを脅かして不安定化するような選択圧も存在しません。

　しかし、自然界でみられる状況というのは、それほど簡単明快ではないことが多い。二者の利害が完全には一致しないときには、常に、不正が潜在的な問題となりますが、このような利害の不一致がおこるのはごく普通のことです。これは、私が「委員会仕事の呪い」と呼んでいるもので、小学校の頃からだって見られます。五年生の頃、南北戦争についてのレポートを書くのに、先生が皆さんを班分けしたのを思い出してください。班の中にかならずひとりは、さぼる子がいたでしょう――やるやる、と言うだけで結局何もしない子です。こういう場合にも、個体同士の利害は一致していない――班としては立派なレポートをまとめたいのに、メンバーのひとりにとっては、図書館で時間を費やすよりテレビを観ていた方が良いわけです。委員会仕事も、このような集団プロジェクトのおとなバージョンに過ぎません。

　ヒト以外の霊長類における協力が、利害を巡る葛藤の可能性に大きく左右されることはご存じのとおりです。メレディス・クロフォードは、ヒト以外の霊長類の協力に関するもっとも初期の研究のひとつを一九三七年におこないました。箱の上に食物が置かれ、ロープが二本、箱に取り付けられました。箱は、チンパンジーたちの手の届かない距離にあり、一頭で（助力なしに）引き寄せるには、重すぎました。つまり、食物を手に入れるには一緒にやらなくてはならなかったのです。テストされたペアの（全部ではないものの）一部はこの課題をやり遂げましたが、クロフォードは、それぞれのロープに取り付けられたゲージ（量り）を使って、個々のチンパンジーが課題をこなすためにどのくらいの力を懸けているかを計測しています。これがこの実験の素晴らしいところでした。大枠としては、一方の個体がもう一方よりずっと一所懸命引いていたことが分かったのです。同様に、トマセロも指摘しているとおり、メリスらがおこなった協働実験の中で報酬を巡る競合が生じるようにすると、チンパンジーたちの課題遂行は大幅に低下しました。(4) これは、個体にとっての利害とペアにとっての共同的な利害との間に競合が生じたためです。

同種内での相利性については、ほんとうにごくわずかの例しかありません。相利性の例としてよく知られているものはほとんどが、シジミチョウとアリ、アリとアブラムシ、菌根菌類と植物、ミツオシエ〔honeyguide〕とラーテル（ミツアナグマ）、ソウジウオと掃除される側、というように、異なる二種間でのもの（相利共生）です。(5) 自然界における相利的な関係は、それがどんなに込み入ったものであろうと必ず、協働と搾取とのあいだの綱引きを反映したものです。(6) これに応じて、相利的システムの多くでは、プレーヤーの一方あるいは両方が、相手が不正を働かないような安全装置を進化させてきました。同種内での相利性が見られる数少ない例の中には、リカオンやマーモセットのように協力して子育てを行う種や、協力して狩りをおこなう種が挙げられます。しかし、これらの大部分では、血縁の近い個体同士で集団が形成されており、個体の利害が集団の利害とほとんど一致しています。社会的グルーミングや連合形成といった、われわれが自然界で目にする協力の大部分は、相利性の実例とはいえません。それらはむしろ、お返しや身内びいきを通してコストを埋め合わせる、利他的協力の実例なのです。スタグ・ハントはルソー的な仮想であり、自然界にふつうにみられる状況ではおそらくないのです。

協働的関係を適応的なものとするには、参加者それぞれの利害が完全には一致しないことをなんとかしなくてはなりません。相利性における最良のシナリオ、すなわちスタグ・ハントにおいてさえも、個体のモティベーションを支えているのは「自分が得るであろう利益」であり、「他者の幸せへの関心」ではないのです。プレイヤーがふたりともスタグ・ハントに参加するのは、それがおのおのにとって最良の戦略だからであって、参加するかどうかを決めるにあたって、自分のパートナーが得るであろう利益を考慮する必要はまったくありません。知るべきは「パートナーがどうするつもりか」であって、パートナーが受け取るであろう利益に積極的な価値を置く必要はないのです。つまりこれは調整ゲームであって、わたしにとって最良の戦略はパートナーの戦略次第で決まる（そしてその逆も然り）のです。

トマセロの研究室でおこなわれた数々の実験は、チンパンジーが、共同課題において効果的に協働することができるものの、他者の幸福にはほとんど関心を示さないことをあきらかにしてきました(7)。つまり、相利性があるからといって「いいやつ」とは限らない。相利的な営みに必要となるマインド・セットは、利他的な協力に必要となるマインド・セットとはかなり異なるからです。相利的であることが安定となるのは、それが個体にとっての最良の選択肢であり、個体の利害が集団の利害とある程度うまく一致する時のみなのです。

誠実なコミュニケーション、相互の信頼、そして寛容は、相利的なインタラクションを紡ぎだす上で非常に有効でしょう。しかし正直に言って、当事者の利害が完全に一致していなければ、信頼や寛容は簡単に損なわれるでしょう（だって私は、「今週末は図書館に行ってゲティスバーグの戦いについて調べるわ」とか、「委員会のレポートをまとめて過ごすわ」とか言っておいて、実際にはテレビを観たり自分の研究に没頭したりするつもりなんですよ）。

相利性は、他者の幸福に寄せる関心を生み出したりはしません。むしろ、他者を操る戦略を生み出すでしょう。[8] 相利性が生み出すのはネルソン・マンデラではなく、ニッコロ・マキャベリなのです。

インタラクションを繰り返すことは、信頼と寛容を生み出す途のひとつとなりえます。随伴的互恵性に関する理論は、「お返しをおこなうパートナー同士がおこなう協力は、両者にとって有益なものであり、両者が協力し続ける限り安定的な戦略となりうる」という考えをもとにしています。[9]

私が研究をおこなったヒヒのメスでは、グルーミングはおもにちゃんとお返しをするパートナー、たいていは血縁個体に向けられます。[10] グルーミングというのはしばしば、（ある日あるメスは、相手にグルーミングしてもらうよりもずっと多く、その相手をグルーミングするというように）一回のインタラクションでは釣り合いが取れません。(11) しかし、インタラクションを何度も繰り返せば、こういった不均衡は一般的には均《なら》されます。ヒヒのメスがもっとも強く連合する相手は、もっとも公平なグルーミング関係を築いているメスであり、(12) もっとも公平な関係はまた、もっとも長期間継続します。ヒヒのメスは、繰り返すことを通して、信頼と寛容の問題を解決しているようです。

このメカニズムの短所は、これがごく小さな集団でしか機能しないことです。(13) メスのヒヒたちは他のメスとともに効果的なパートナーシップを築くことはできても、委員会をつくったりはしません。

もちろん、なぜわたしたちが協力したり協働したりできるのかは、現時点ではわからないままです。委員会があんなにうまく機能するのはどうしてか？　私が思うには、わたしたちには集団への利益に重きをおきたくなるような利他性への社会的選好が備わっているから、というのがその答えでしょう。(14) このことによって、わたしたちの利害と集団の利害とを一致させること、そして、集団の利益となる結果をもたらすような行為に加わることが可能となるのです。

これは、自分自身の好みや幸福にまったく無関心になったということではありません。他者の利益となる結果にも積極的な重みづけをするようになった、ということです。他者の代わりに犠牲を払うようになったのです。委員会の会合にも出かけるし、チャリティにはお金を払う。献血するし、投票もする。戦争に行くことだってあります。集団に利益をもたらすような行動を、制裁によって強制することもできます――法、罰金、ゴシップ、道徳的情操、罰の可能性などはどれも、集団に利益をもたらす行動の維持をサポートすることになります。

こういった利他性への社会的選好は、ヒトのお家芸である、さまざまな効率的協働の前提条件です。実際にわたしたちが、自身の利害と集団の利益とが完全には一致しないような状況にしばしば置かれるならば、「骨折り」を接続しあうことは相利的なスタグ・ハントであるかのように映ることになります。「有料放送だから」というだけで、自分の懐から公共ラジオに五〇ドル出資したりはしません。公共ラジオにお金を出すのは、それが成すべき――公共の利益に叶う――ことだと感じるからなのです。

エイブラハム・リンカーンは、「良いことをすると気分が良いものだ」と言いましたし、神経生物学における最近の研究でも、博愛的な行為はそれ自体がもともと報酬的であることが確認されています(15)。

このようなたぐいの社会的選好が欠けているからこそ、ヒト以外の動物では同種内での相利性が進化しにくいのです。チンパンジーが、さまざまな文脈においてうまく協力できるにもかかわらず、日常生活において「相利的な」協力がもたらすさまざまな利益（子どもの世話に関する協力や分業、狩猟をもっと効果的にする戦略などなど）を手にしていない理由も、ここにあるのかもしれません。

利他性への社会的選好は相利的協力がもたらすさまざまな利益から生まれる、というのがトマセロの見解ですが、かけ離れているわけではないにせよ他の道筋もありえそうです。利他性への社会的選好——子育ての協力、文化的集団淘汰、間接互恵性等々——をヒトが示すようになった理由については、さまざまな説明がされています。利他性への社会的選好さえいったん進化すれば、トマセロと彼の同僚たちが慎重に述べてきた、ヒトの認知特性や社会性に由来するさまざまな特徴——注意の共有や、信頼と寛容、そして集団に利益をもたらすような活動への参加——のためのお膳立てはととのうのです。

キャロル・S・デック

マイケル・トマセロは、他の人たちが踏み込みあぐねていた領域に勇敢にも飛び込んだパイオニアです。彼は「ヒトをユニークな存在たらしめるものはなにか?」と問うだけでなく、独創的な実験を数々おこなって自身の提案を裏付けていきます。そこから得られた答えは、よくあるもの——ヒトは途方もなくかしこいから——にとどまらず、わたしたちは途方もなく親切だから、というものでもあったのです。

彼の先端的な理論と研究は、歴史的にもかなり隔たりのあった認知発達と社会性発達とを融合し、発達心理学の外観を一変させました。子どもの持つ社会的な性向を利用して、こころが発達し文化が伝播されてゆくさまざまな道のりを照らし出し、そして、繰り返しますが、わたしたちをヒトたらしめているのは巨大な脳と並はずれた認知能力だけではなく、ユニークな社会的インタラクションに参加する能力でもあると提案したのです。この提案とそれを裏付ける数々の実験は大躍進を遂げ、心理学を真に揺さぶるような新たな諸理論や研究に命を吹き込んできました。

第一章でトマセロは、幼い子どもたちは、援助的で、情報伝達的で、寛容な、生まれながらの傾向を一歳頃から示すようになり、これは報酬や訓練、文化化（enculturation）によって生み出されたものではない、と打ち出しています。つまり、子どもの援助的な態度があるのはおとなの影響のおかげというわけではない――自然にそうなる、というのです。しかし、その後の発達においては、文化的な報酬が利他性を奨励し、その発現のしかたを方向づけるでしょう。たとえば、子どもたちの援助性は、お返しへの期待や、評判についての関心、社会的規範への忠実さといった要因に支配されていくと考えられます。

この見解に、彼は「前半スペルキ・後半デック説」というチャーミングな名前をつけてくれました。この仮説は、エリザベス・スペルキが、[1]「コア知識」と呼ばれる、非常に重要な初期の知識が生得的なものであるという考え方のそもそもの立案者であり、筆頭にあげられるべき貢献者であることを表明しています。彼女の提案と、彼女およびそのフォロワーたちが集めてきた説得力のある証拠とのおかげで、子どもが物体や数、空間といったものに関するコア知識を備えていることがあきらかになっています。

一方で、私はおもに子どもの信念について研究してきました――構築されたり学習されたりすることがら、つまりは、経験を通してかたちづくられることがらです。仮説の「後半デック」のパートも示しているとおり、私は基本的に、そうせざるをえない理由がない限り、学習の可能性を排除するつもりがありません。ですので、いつもの通り、この点について論じたいと思います。

「生後たったの一年で、ある能力が出現する」という事実は、「その能力は、まる一年の経験ののちにようやく出現する」と解釈しなおすこともできます。また、経験は、直接的な報酬や訓練以外のさまざまなかたちでも積むことができます。たとえば言語学習は「脳内の生得的な言語モジュールの作用である」といわれることが多く、部分的には正しい面もあるのでしょうが、さらに多くの証拠から示されているのは、「語学習および統語学習のカギとなるさまざまな要素が、子どもが聞いていることばに内在する統計的パターンから導き出せる」ということです(2)。もし子どもがそうしているのであれば、かれらは入力から学ぶけれども、直接的な報酬を得たり訓練を受けたりはしていないことになります。

最初の一年間で学習することが、乳児に利他性を身につけさせ、利他的傾向をかたちづくることはありえるのでしょうか？　乳児たちは最初の一年をかけて、他者が自分に対して援助的かどうかを学習します。さまざまな経験が、幼い子どもたちの他者に対する利他性をかたちづくるのも確かです。

援助を期待したり援助をおこなったりするのは、乳児の初期値として備わったことではない、と主張するつもりはありません。しかし、利他性が、その初期の段階でさえも、学習の履歴を持たず入力の影響を受けないようなシステムではないことは指摘したいと思います。仮説ぜんぶをひとり占め――前半デック・後半もデック説――にしたい、ということではなく、乳児が利他性を備えて生まれてくるとしても、利他性が花開くかどうかは経験次第である、という見解について検討したいのです。

私の同僚であるスーザン・ジョンソンと共同研究者たちは、美しい研究プログラムによって、乳児が学習によって、窮地にある時に保護者が助けに来てくれる／くれないことを予期するようになること――愛着理論の父であるジョン・ボウルビーが「関係性ごとのワーキング・モデル」と呼んだものを乳児が形成すること――の証拠を、初めてもたらしました。ジョンソンらは、一二－一六カ月齢児とその母親との関係を評価することからとりかかりました。つまり、標準的な「ストレンジャー・シチュエーション」パラダイム（乳幼児と母親を分離し、その後再会してもらって、乳幼児が母親をストレス時の安全基地として利用するか確かめる）をもちいて、愛着が安定型か非安定型かで対象児をグループ分けしたのです。安定型愛着を示す乳幼児は、ストレス時に母親を安心の源として利用することができ、また一般的に、それまでに母親から得てきた反応性が相対的に高く、一貫したものだったと考えられています。これに対して非安定型の乳幼児は、母親の近接によっても安心を得ることができず、母親のおかげでストレスが緩和されることもありません。また一般的に、反応的でない、あるいは反応性が一貫しない育児を受けてきたと考えられています。

その後ジョンソンたちは、馴化パラダイムをもちいて、同じ対象児に、大きな「お母さん」と小さな「赤ちゃん」とが階段に向かう様子を描いた一連の紙芝居映像を見せました。お母さんは苦もなく階段を登れるけれども、赤ちゃんは後に続くことができず、一段も登れずに立ち往生。悲痛な泣き声を上げ始めます。この一連の映像は、対象児の興味が薄れるまで繰り返し提示されました。テスト試行では、対象児たちは、今度は二種類のエンディングを提示されます。一方では、お母さんは泣いている赤ちゃんのところに戻ってきます。もう一方では、お母さんは、下で嘆き悲しむ赤ちゃんを残して、ひとりで階段を登りつづけるのです。

どちらのエンディングに対象児たちは「驚き」、その結果、映像をより長時間見つめるのでしょう？　乳幼児認知の研究者は、注視時間の回復を、対象児が新たな刺激を「期待に違反するもの」と見なしていることの手がかりに利用してきました。この研究では、愛着安定型の子どもたちは「母親が戻ってくる」方により「驚いた」のです。このように、安定型／非安定型の愛着関係を示す対象児たちは、保護者がいざというときに子どもを助けに戻ってくれるかどうかに関して、それぞれに異なる期待を形成していたのです(3)。

この研究が示しているのは、保護者から日常的に得ている援助性――経験や入力――は、子どもたちごとに異なる、ということです。この差異によって、子どもたちが他者に対する際の利他性や援助性の程度の差異を予測することはできるのでしょうか？　非安定型愛着を示す子どもでは寛容性や援助性、情報伝達性が見られにくくなるのか、あるいは、労力や犠牲を多く強いられる課題ほど投げ出されやすくなるのか、について検討するのは、非常に興味深いことに思えます。

子どもの利他性に経験が果たす役割をあざやかに示したある事例では、託児されている状況下で、近くにいる仲間がストレスを示した際の一－三歳児の反応を、研究者たちが注意深く観察しました(4)。子どもたちの半数は虐待のあった家庭から研究に参加しており、あとの半数（月齢、性別、および人種は統制）は、収入やストレス・レベルについて可能な限り一致させた、虐待の兆候が見られない家庭から参加しています。虐待を受けていない子どもたちは、仲間のストレスに対して、その子にしっかりと注意を向け、気づかいを示したり慰めたりという反応を示しました。

しかし、虐待を受けた子どもたちの中には、共感的な関心を示す子はひとりもいなかったのです。もっとも一般的だった反応は脅迫や怒り、さらには物理的な暴力でした。虐待を受けることで利他性への自然な傾向が掻き消された可能性もありえますが、これらのデータは、子どもたちが、他者の不幸に対してどうすべきかを自分に教えてくれる世界からの入力に忠実にふるまっている、という見方を支持するものでもあります。

親たちは、生まれて最初の一年の間にも、よい子とはどんな子か、そして、親子・家族・集団・文化の一員であるとはどういうことかを、子どもに伝えているのかもしれない。虐待を受けた子どもたちの場合、親たちは、「よい子／ひとであるというのは泣かないことで、さもなければまわりは怒るものだ」「ストレスを示す子ども／ひとは助けられるに値しない」、さらに一般的に、「ひとびとはストレス時には互いに助け合ったりはしないものだ」ということを、子どもに伝えているのかもしれません。子どもは、関連する文化においてひとびとがどのようにふるまい、互いにどのようにふるまうことが期待されるのかを、自分に向けられた親たちの行動――利他的なものであれそれ以外であれ――から学ぶのだと私は考えています[5]。

さらに私は、幼児期初期の研究をおこなう中で、「よいこと」や「悪いこと」が、ごく幼い子どもたちの頭からも離れることがないのを見てきました。子どもたちは、ある子がどうして「よい子」あるいは「悪い子」なのか、自分たちのおこないやおかした失敗、受けた批評は「よい」のか「悪い」のか、だとすれば自分たちにどんなことが降りかかるのか、といったことに強い関心を向けます。このことは、仮説の「後半デック」部分――子どもが規範やまわりの判断に照らして行動を調整する――にあたるともいえるでしょう。しかし、乳児でさえも、もう一方の図形がゴールに向かうのを助ける図形が、邪魔をする図形に比べて「よい」とみなしていることを、多くの研究者が示しています。ということは、子どもはごく幼い頃から、システマティックで明示的な報酬制度とはおそらくはまったく独立に、「よさ」の問題にひじょうにうまく順応し、自身の文化や経験が規定するような「よい子」になろうとする高い意欲を持っているのかもしれない。「よい行動の中には、大多数の子どもにとって内的に動機付けられているもの、動機付けられるようになるものが存在する」という事実だけでは、経験の果たす役割を覆すことにはならないでしょう。[6]

いずれにせよ、トマセロ仮説を盤石なものにするには、おとなたちの慣習や願望、価値観に敏感で、それらに従ってふるまおうとするようなプロセスが一歳以前には存在しないことを立証しなくてはなりません。というのも、これらのものは、トマセロの興味深い研究においてテストされたようなシンプルな状況下では特に簡単に（それ自体が報酬となって、外部からのサポートをほとんど要せず）、子ども自身の慣習や価値観となるからです。

申し上げてきたのは、トマセロが提起するさまざまなアイディアや研究には非常に興奮させられている、ということです。この分野を切り拓き、あんなにも大きな、大きな問いを立てる勇気と洞察力を持つというのは、計り知れないほど重要なことなのです。かつてピアジェは、新たな分野を切り拓き、新たな問いを立てました。彼が細部にわたって正しかったかそうでなかったかにかかわらず、わたしたちの視界は、それ以前のものとは変わったのです。

ブライアン・スキームズ

デイヴィッド・ルイスは“Convention”（慣習）（1969）において、共通知識という概念を明示的に導入しました。それ以前の古典的なゲーム理論においてはさまざまなかたちで暗黙裡に仮定され、のちに経済学者ロバート・J・オーマンの厳密な取りあつかいのおかげで、ひじょうに重要な位置を占めるようになる概念です。あることがらが、エージェント集団における共通知識となるには、「みんながそれを知っている」というだけでは十分ではありません。みんながそれを知っていなくてはならないし（レベル1）、みんながそれを知っているということをみんなが知っていなくてはならない（レベル2）といったように、有限な範囲で各レベルが連なるのです。ある行動が共同体における慣習となるには、その行動が、共通知識を伴う強力なかたちで自己執行的でなくてはならない、とルイスは言います。(1) 共同体において効力を持った慣習となっている行動は、逸脱している者は誰であれ間違いなくつけを払わされるようなものでなくてはならないし、このことが、共同体メンバーの共通知識となっていなければならない。したがって、他の人が逸脱しないのに自分が逸脱する理由はないし、このことをみんなが知っている。みんなが知っていることまで含めてみんなが知っており、そこまで含めて……などなど。

ルイスは、ここに理想化された点――共通知識は一〇〇％共通である――が含まれていそうなことを認識していたものの、必須となる知識をすべて備えているわけではない者は「その共同体の真のメンバーではない」と見なして取り扱いました。慣習は、共通知識が存在する共同体の中核によって維持され、周囲の取り巻きはとりあえずついてきている、というのです。彼はまた、自分たち自身について推論することが、この知識の無限階層における一定の高レベルまで可能なのであれば、その者たちは共通知識を有しているとみなしてよい、と考えていました。

グライスもまた、一九六七年の「論理と会話」において、「わたしが知っている、ということをかれが知っている、ということをわたしが知っている……」という無限循環を――スケールは小規模でしたが――認識していました。会話においては、話し手は、なんらかの信念を聞き手に生じさせようとします。しかし同時に、その信念を生じさせようという意図を話し手自身がもちながら話しているのだということを、聞き手に知ってほしいと願ってもいる。さらに話し手は、聞き手が知っていることを話し手も知っていることを、聞き手に知ってほしいと願っている。純粋理論においては、トマセロが「再帰的な読心（recursive mind reading）」ということばで的確にとらえたように、この梯子が延々とつづくのです。いくつかの懸念が生じるにもかかわらず、これがどこかのレベルで自然に止まるということはないように思えます。

グライスは、慣習的意味を越えた情報が会話においていかに伝達されるのか、に関心を持っていました。彼のアイディアの根幹は、会話はそもそも協力的な活動であり、協力的意図を仮定することが情報抽出の手段となりうる、ということでした。仮に、あなたが、ガソリンが切れてしまったことをわたしに告げ、わたしが、そこの角にガソリンスタンドがあるよと答えたなら、あなたは、そのガソリンスタンドが開いているか、少なくとも、閉まっているとはわたしは思っていないと推測することができます。開いていようがいまいがわたしの発言は字義通りには正しいはずなのに、そうなるのです。あなたは、わたしが協力しようとしていることを前提としており、協力には正しさも必要ですが、正しいだけでは駄目なのです。ピーターはどこにいるか、とわたしが尋ねて、あなたが「彼ならメキシコかジンバブエにいるよ」と答えたとしましょう。彼がメキシコにいることをあなたが知っていたとしたら、この答えは正しいといえますが、わたしは、あなたがそれを知っていてこう答えているのではない、とみなすことができます。あなたが協力しようとしており、ピーターがメキシコにいることを知っているのならば、「メキシコにいる」と言うはずだからです。グライスとその流れをくむ論者たちは、この「協力という前提」――最終的には協力への志向性という共通知識へと精緻化されたのですが――から、会話におけるさまざまな規範を抽出しました。(2)

ルイスもまた、議論の重点を協力に置きました。ルイスの信号伝達ゲームにおいては、協力の基盤は明確なもので、すなわち、「利得を規定する際に想定される、強い共通利害」です。送り手と受け手は同じ利得を得る。状況にふさわしいふるまいを受け手がとれば、送り手も受け手も利得を得る。さもなければ、どちらも何も得られない。ゲームに関する諸ルールは共通知識です。つまり、「協力することが両プレーヤーの利益に適う」ということもまた、共通知識なのです。(3)

では、コミュニケーションの理論も、共通知識の前提のもとに築かれるべきなのでしょうか？これについては、懐疑的になるべき理由がふたつあります。まず、動物や、より原始的な生物の集団も――どんなものに関してであれ共通知識を持っているとは信じがたいにもかかわらず――かなりうまくコミュニケーションをとることができているようだということです。霊長類からさらにさかのぼってみましょう。鳥類やハチのことは誰でもご存知ですが、社会性バクテリアでさえ、さまざまな化学信号を使って見事に組織をつくり出します。

ミキソコッカス・ザンサス（*Myxococcus xanthus*：粘液細菌の一種）は、協力して狩りをします。

かれらは獲物に群がって消化してしまいます。飢餓状態のときは、まるで細胞性粘菌のように、凝集して子実体を形成するのです。また別のバクテリアは、化学信号を使って生物発光（bio-luminescence）を開始したり、菌膜（biofilm）を形成したり、あるいは、毒性を発揮したりします。(4) これらのことがすべて、共通知識や再帰的な読心抜きで――それどころか「こころ」抜きで――成り立っているのです。

共通知識がコミュニケーションの基盤であることを疑わせる第二の理由は、ヒト自身にそれに見合った能力がなさそうだ、ということです。知っていることを知っていることを知っている、あるいは、考えることについて考えることについて考える、ということになってくると、数多くの実験が示しているように、ヒトは二、三段しか梯子を昇れないらしいのです。これは、古典的アプローチが置く前提に異議を申し立てた、行動ゲーム理論がもたらした素晴らしい発見のひとつです。

共通知識を前提にするのはヒトにとって厳しすぎる、と考える点において、トマセロと私は意見を同じくしていると思います。そのかわりの前提として彼が求めているのは「共通基盤」であり、ずっと穏当な要件です。共通基盤は、相互信念の観点から論じることができます。そもそも、この信念が正しい必要はない。しかし、より重要なのは、共通基盤は――私が理解している限りでは――信念の共有の階層を一段昇っただけのことだ、ということです。これならヒトも、間違いなくこなすことができます。

コミュニケーションにおいては、送り手と受け手との間に純粋な共通利害があるに越したことはない。しかし、もし仮に共通利害が必要不可欠なのであれば、世界には今よりもずっと少数のコミュニケーションしか存在しないでしょう。共通利害の先を思い描くなら、部分的な情報伝播を導くような利害が混合するケースや、完璧な欺きのケースまで見出すことができます。

「完璧に偽って信号を発する」というのは不可能に思えるかもしれませんが、実例を挙げるのはそれほど難しいことではありません。たとえば、フォトゥリス（*Photuris*）種のホタルのメスは、フォティヌス（*Photinus*）種のオスを見つけると、（フォティヌス種の）メスの（明滅）信号を擬態してオスを引きつけ、捕食します。彼女はそうやってご馳走にありつくばかりか、（捕食することによって）それ以外の方法では得られない、いくつかの有用な防御化学物質まで手に入れているのです。フォトゥリス・ヴェルシコロル（*Photuris versicolor*）という種などはなみはずれた擬態を成し遂げており、フォティヌス種一一種の明滅パターンを適切に送りわけることができます。

このようなパターンの欺きは、いかにして持続しうるのでしょう？　フォティヌス種は自らの信号システムをすでに成立させていますし、フォトゥリス種と出くわすことは、それを崩壊させるほど頻繁ではないのです。ということは、信号伝達理論の基本的前提に共通利害を置こうとするのは、科学的に適切な判断とはいえなくなります。

思うにわたしたちは、古典的ゲーム理論という「高い合理性のアプローチ」から、適応の力学を経ることで、「低い合理性のアプローチ」へと移行しています。適応のダイナミクス（力学）として私が心に抱いているのはふたとおり——進化と強化学習です。これらは異なる時間スケールで作用しますが、互いに大きくかけはなれたものではありません。両者とも、試行錯誤による学習の一種といえます。進化に関しては、第一の形式論的モデルはレプリケータ・ダイナミクスです。相互交渉から得られる利得は、ダーウィン的適応度——つまり、繁殖成功度にいかにつながるか——で測られる。利得が大きいほど、次世代の集団においてより大きなシェアを占めることになります。学習に関しては、基本的な強化学習に焦点を当ててみましょう。

共通知識なき共通利害、というもっともシンプルな場合から始めましょう。偏りのないコインが投げられ、ふたつの状態のうちどちらか一方が示されます。送り手は状態を見て、ふたつの信号のうちの一方を送る。受け手は信号を見て、ふたつのうち一方の行為をとる。状態に該当する行為がとられれば、送り手と受け手とがそれぞれ1の利得を得るが、そうでなければ利得はどちらも0になる、という意味において、それぞれの行為が一方の状態における「正解」となります。この状況では、進化も[5]強化学習も[6]、完璧な信号伝達に到達することが示されています。

共通利害を混合利害へと展開すれば、一般的には（進化によるにせよ学習によるにせよ）、送り手が一部の情報のみを伝達し一部を隠蔽する、という均衡状態が導かれます。純粋な共通利害抜きの情報伝達は、さまざまな文脈で自然に起こっているのです。

トマセロが論じているその他の現象に関する、低い合理性（さらには合理性のない）モデルについても考えたいと思います。チームワークを発揮することはチームによる推論なしでも可能です。「チームワークがヒトに特別な属性だ」とも、「ヒトの能力なしには成り立たないもの」だとも私は考えていません。ヒトがチンパンジーよりも協力的なのは事実なのでしょう――この点についての判断は専門家に委ねます――、しかしわれわれは、「この地球上で最も協力的な種」にはほど遠い。ミーアキャットやハダカデバネズミ、さまざまなタイプの社会性昆虫、そしてバクテリアまでもが、高度な協力を成し遂げています。協力には、さまざまなフィードバック機構がしばしば伴いますが、再帰的な読心や高次の意図、相互信念といったものは、ごく特殊なケースのみに関わってくる概念にすぎません。これらの概念が、われわれの行動様式や文脈をめぐる物語の一部であることは否定しませんが、自然界における協力を広い範囲の生物に渡って考えてみることは、かなり有益な展望をもたらしてくれるはずです。

エリザベス・S・スペルキ

マイケル・トマセロは、われわれヒトが手にした認知のユニークさをあきらかにしようとしています。なぜヒトが、地球上に現生する生物の中で唯一、道具と農業とによって環境を変化させるのか。なぜ歴史や地理学、社会制度を生み出し、学んで、自分を取り巻く物理的・社会的環境を分析・体系化するのか。なぜ文学や音楽、演劇やスポーツ、数学や科学といった努力を積み重ねて、社会的・物質的社会を豊かなものにしようとするのか。

彼の研究は、ふたつの、ごくあたりまえの見解に端を発しています。第一に、ヒトは霊長類です。

われわれの知覚や行為、学習や記憶、そして感情の基本的能力は類人猿たちのそれと非常によく似ていますし、他のサルやもう少し系統的に離れた種のそれともかなり似通っています。

これらの類似性が、神経科学や遺伝学、進化生物学や心理学におけるあらたな試みの土壌、すなわち、科学者たちが、ヒト以外の動物研究をとおして自分たちヒトという種についての洞察を得る研究領域が発達した背景となっています。ことにトマセロは、周囲の個体や物体に関するわれわれの理解について、ヒトとヒト以外の類人猿との間に共通性があることをあきらかにしてきました[1]。これらの類似性によって、われわれの社会的・物質的生活の基盤となる能力の特性とその進化があらたに照らし出されたのです。

第二に、わたしたちは、霊長類的なこころにもとづきながらも奇妙なことをすることがあります。他の動物では想像もつかないような行為に手を染めているのです。どんな動物でも食物を見つけて判別しなくてはなりませんが、耕し、肥育し、調理するのはヒトだけです。どんな動物でも環境における重要な場所への道筋を見つけなくてはなりませんが、地図で途を辿り、自分が旅することなどとても叶わない宇宙の地理構造にまで思いを巡らせるのはヒトだけです。数に対する感受性を示す動物は多くいますが、さまざまな自然数概念を生成し、反復的な計数手続きを体系化するシステムを備えているのはヒトだけです。そして、同種の他個体と共同で繁殖したり、コドモを育てたり、なわばりや資源を組織化する動物は多くいますが、学校や経済組織、工場や軍隊といった複雑な社会的組織を形成するのはヒトだけです。どうやってヒトは、こういった飛躍を遂げられるようになってきたのでしょう?

この問いに答えるためトマセロは、同僚たちとともに、三本立ての比較アプローチをとってヒトの認知に迫りました。第一に彼は、動物認知研究の同僚たちとともに、さまざまな動物種の認知能力を比較し、能力および性向それぞれについて、さまざまな種に広く共通してみられるものはなにか、霊長類、類人猿、そしてヒトそれぞれに特異的なものはなにかを探りました。第二に、ヒト発達研究の同僚たちとともに、さまざまな年・月齢における子どもの認知能力を比較し、どんな能力が発達において最初にあらわれ、それをもとにどんなことが可能になるのかを検討しました。トマセロの発達研究はとりわけ、二歳の初めごろに出現し、その後の年齢でも機能しつづけ、ヒトだけにみられるさまざまな認知のありようをみちびきだす一連の能力と性向とをあきらかにしました。そして第三に、言語学および人類学の同僚たちとともに、さまざまな文化における子どもおよびおとなの認知のありようを比較し、ヒトに普遍的な能力や性向と、文化的伝統や環境によるものとを峻別しました。

二〇世紀の、ヒトのこころに迫ろうとした最初期の比較研究は、それが、動物を下等なものから高等なものへと直線的に序列化し、ヒトにおいても同様に、認知的段階を単純なものから複雑なものへ、そして文化を原始的なものから進歩的なものへと序列化するものだったために、強い批判を受けました。しかし、変化の線形モデルが意味をなさないことはもはやあきらかです。系統発生も個体発生も文化発達も、豊かで変化に富んでいます。ヒトの認知がこのように非常に複雑であることを踏まえ、トマセロを含む現代の研究者たちは比較アプローチを正確にもちいています。理解を前進させるには、「関節」のあるところで認知を切り分け、高レベルの能力を、個々の属性や相互作用が記述・操作可能になるような諸要素に分解しなければなりません。さらに、ヒトの際立った認知能力を真に基礎づけている諸能力と、これらの能力がサポートしている追加的な諸能力とを区別する必要もあります。現代の認知科学者は、種間、年月齢間、ヒト集団間の比較をおこない、他の種と共有されている進化的に古い基礎能力と、ヒトの発達初期から出現し文化を越えた強固な普遍性を持つ、われわれをヒトという種たらしめている能力との両方を探り出しています。

これら三本立ての比較は、ヒトの特異性の源を巡る、歴史を重ねてきた数々のアイディアに疑問を投げかけています。たとえば、あるアイディアは、ヒト認知のありようの基礎に、道具使用を置こうとします。しかし、トマセロらによるチンパンジーとヒトの子どもとの研究があきらかにしたのは、「道具使用は、われわれの際立った諸能力の重要な兆しではあるが源ではない」ということでした。道具使用がヒト特異的なパターンを示すようになるのは、ヒト特異的なコミュニケーション様式が成立してからのことなのです(2)。また別のアイディアは、ヒトを、地図や絵画、書記体系、その他のシステムによって生まれながらに自らの能力を拡張した「シンボリックな種(3)」とみなします。しかしながら、発達心理学的な研究が示したのは、ヒトの子どもたちがそういったシンボルをようやく理解しはじめるのは生後三年めに入ってから、[4]トマセロがここで述べてきたヒト特異的な発達のずっと後だ、ということです。三つめのアイディアは、抽象化の能力に焦点を当てます。ヒトだけが、――たとえば数学の発達を可能にするような――抽象的な諸概念を生みだし操作することができる、というものです。しかし、動物認知のさまざまな研究は、ヒト以外の動物においても広範に、抽象的な数的表象を見いだしてきました。[5]また、発達研究や比較文化研究は、われわれにとってもっとも重要といえる抽象的概念の中に、自然数のシステムのように、言語を獲得し言語で数えることができるようになったあとで出現したり、これらの能力に左右されるものがあることをあきらかにし、「抽象的思考」という主張をさらに色褪せさせることになりました。[6]

　では、ヒト独自のありようをもたらすのは、ヒトとその他の動物とのどんな生得的相違なのでしょう? トマセロの答えは、時とともに変遷してきました。[7]これは、彼の心の広さと生産性を示すものです。彼と彼の学生たちがおこなってきた数々のエレガントな実験は、ヒトの本性に関する多くの、たいへん理にかなっていたはずのさまざまなアイディアが、実は間違いであったことをわたしたちに示してきました。しかし、このような変遷にもかかわらず、彼の仕事には一貫したテーマが流れています――「わたしたちのユニークな性質は、わたしたちの独特な社会的関係に内在している」というものです。ここでトマセロは、ヒトの認知がもつユニークな諸特徴は、志向性の共有に向けて進化した種特異的な能力と動機づけというひとつの起源から発しており、これが独特のコミュニケーション様式や行為の接続を生み出すのだ、と主張します。この見解からすれば、ヒトは生まれながらに、互いに協力し情報や課題、ゴールを共有するよう駆動されている。道具使用から数学、記号操作まで、われわれに独特のさまざまなありようはすべて、この能力から生じているのです。

トマセロの仮説はもしかすると正しいかも、と私は思っています。しかし、少なくともあとひとつの対立候補も残っています。「ヒトの言語が、わたしたちのユニークな認知のありようの源である」というものです。この見解は、部分的には、さらに幼いヒト乳児に始まる研究からも支持されます。トマセロと同じく私も、種間、年月齢間、文化間で認知能力を比較することによってヒトのユニークさの源を探ってきました。といっても私のほうは、生後数カ月で現れるような一連の認知能力に焦点を当て、それらが、他の動物にも見られるのか、そして、わたしたち自身の、あるいはそれ以外のさまざまな文化において、ヒトの発達過程を通じてどのように変化する（しない）のか、といったことを問うてきたのです。

二、三〇年にわたる一連の実験をまとめると、乳児には少なくとも五つの認知システム――「〝コア知識〟システム」と私は呼んでいます――が備わっていることがあきらかになった、といえます。(8)（1）非生物的／物質的な諸対象およびそれらの動き。（2）意図的なエージェントとそれらのゴール志向的な動き。（3）移動可能な環境におけるさまざまな位置情報と、相互の幾何学的関係。（4）物体や事象のセットと、序数的・計数的なそれらの数的関係性。そして、（5）乳児と互恵的なインタラクションをおこなう社会的パートナー。以上を表象し推論するシステムです。これらの認知システムはどれも、乳児期早期に（場合によっては出生時から）出現し、その後も持続し、子どもの発達によっても本質的には変化しません。つまり、これらのシステムは、慣習や信念システムが文化をもつ集団ごとに多くの点で異なるにもかかわらず、ヒトという種を通じて普遍的なものなのです。もっとも重要なのは、これらのコア知識システムは、それぞれが比較的独立しており、適用範囲が限定されていることです。あとで発達してくる、文化的に多様性を持った、そしてヒトだけに備わった認知スキルを学習し遂行する際には、子どももおとなも、それらのシステムをまとめ上げ、それぞれに特有な限界を克服します。後のこういったさまざまな発達は、やがて、子どもたちの自然言語獲得にかかわってきます。

物体を表象するコア・システムは、これらの発見をうまく描き出してくれます。統制された条件下で、生まれて六カ月の赤ちゃんたちに物体を提示してみれば、その物体に対する注視やリーチングという自発的な反応が、かれらの表象の性質や限界を照らし出してくれるのです。こういった実験があきらかにしてきたのは、新生児でさえも、物体を表象する能力はおとなと変わらない、ということでした。適切な条件でテストをおこなえば、乳児たちは物体の軌道を目で追い、物体の隠れた部分がどんな形をしているのかを推定し、完全に視界から消えていってしまった物体を表象することさえできるのです[9]。

にもかかわらず、乳児の物体表象には思ってもみないような限界もいくつかあります。われわれおとなは、カップやドアノブ、砂山、木、積み木の塔といったさまざまなモノを個別に切り出してくることができます。しかし、こういったさまざまなものをひとつひとつ提示しても、乳児が表象するのは、内的なまとまりをもち独立して移動可能なものだけ――カップはできても、ドアノブや砂山、積み木の塔はだめ――です[10]。乳児はまた、三つ以上の物体の軌跡を同時に追うこともできません[11]。もっとも重要なのは、乳児には、ある機能をもったものの集まりの構成要素として物体を表象することができないことです。これらの限界は、わたしたち自身も含めたさまざまな文化のおとなにもコア・システムが存在し続けるのか、他の動物にも共有されているのか、子どもやおとなが、物理世界に関するあらたな思考方法をマスターしようとする際にこのコア・システムを利用するのか、といったことを示唆する痕跡の役目を果たしています。これらの問いの答えはすべて「イエス」です。

それについての文化特異的な知識を持たないような物体を目で追う際には、わたしたちおとなも、乳児と同じような能力を示し、同じように特有の特徴的な限界を示します[12]。遠く離れた文化に属している人どうしでも、同じ物体表象課題であればよく似た結果を示します[13]。子どもが大きくなって、モノの名前を覚え、数をマスターし、物体間の機械論的な相互作用を推論できるようになってくる際にも、物体に関するコアな諸観念は、これらひとつひとつの発達に刻印を残しているのです。[14] 乳児の物体表象は、このように、ヒト特異的なさまざまな能力の受け皿の発達を象徴しているのです。

しかし、コアな物体表象はヒト特異的なものではありません。半野生のアカゲザルにも、ヒト乳児と同様な物体表象が、同様な限界を抱えつつ形成されています。[15] 鳥類など、ヒトとさらに離れた動物とのあいだにさえ、これらの表象に関して共通の属性があることが、研究からあきらかになっています。[16] ということは、物体表象に関するコアな能力によって、物理世界に関するヒト特異的な推論能力が説明できるわけではありません。それらは道具使用の傾向や形式科学の能力を説明してくれはしないのです。

乳児のコア知識システムがヒト特異的なものでないとはいっても、こういったシステムを研究することは、ヒトの認知を検討する貴重なツールとなります。わたしたちに特異的なさまざまな認知能力は、他の動物とも共有されているコア知識システムを足場として成り立っているため、これらのシステムの発達は、他の種を対象にした、神経科学や遺伝学、行動生態学、そして統制した条件下での養育といった強力なテクニックをもちいた研究をおこなうことによって、探りだすことができます。[17] さらに、発達過程にある子どもたちを研究して、かれらが見せるヒトならではの物体表象のありようと、もっと幼い乳児や他の動物のコア表象とを分けるものが何なのかを問うことも可能です。

特定の物体がどんな機能を備えているのかを学習することは、ヒトの乳児にもサルのオトナにも可能ですが、ゆっくりとした、段階的な学習に限られます[18]。乳児もサルのオトナも、迅速で柔軟性に富んだ道具学習者というわけにはいきません。生後二年めには、ヒトの子どもは、いえ、ヒトの子どもだけが、さまざまな物体や行為に関する情報を生産的に組み合わせ始めます。かれらは、初めて見るものひとつひとつを、ほぼ例外なく、「特定の形状をした自発性を持たないかたまり」であると同時に、「ゴール志向的な行為の一端を担う、特異化されたなんらかの機能を備えた、潜在的に有用な道具」でもあるとみなすようになります。

道具に関する学習の爆発はどうして起こるのでしょうか？　最近の研究からあきらかになったのは、道具に関する子どもの概念にはふたつの源があるということです。先ほど述べたような、物体表象に関するコア・システム、そして、エージェントとそのゴール志向的行為とを表象する第二のコア・システムです。ヒト乳児は、ひじょうに幼いうちから、他のひとたちや動物たちの行為を、ゴールに向かうもの、そして、自身の行為と類似した目的や形式をもつものとして表象します[19]。ゴール志向的行為のコア表象は、物体に関するコア表象と同様、ヒト乳児とヒト以外の霊長類とのあいだで非常によく似ています[20]。しかし、生後二年めを迎えると、ヒトの子どもたちは　物体と行為に関する情報を生産的に組み合わせはじめるのです。結合を生み出す個々のコア・システムはヒトにユニークでないにせよ、物体表象と行為表象との生産的かつ多様な結合は、わたしたちヒトにユニークなことのようです。

では、子どもの道具概念がゆたかに発達するきっかけとは何なのでしょう？　さまざまな研究からあきらかなのは、この発達がある意味で、さまざまな物体の名前としての語の学習に依存している、ということです。このあらたな言語形式が、コア表象同士を結合する機能を担うのです。たとえば、はじめて目にするモノの名を学習する際には、子どもたちは、それまでてんでばらばらに表象されていたモノの形態とモノの機能とについて情報を統合することになります。(21)　物体の名はまた、子どもたちの注意をモノのカテゴリー――二本のハンマーのあいだ、二個のカップのあいだに共通するものはなにか――に向けさせます。(22)　おとなでも、道具とそれに関連した機能（ハンマーで叩く、といったこと）を想像すると、脳の二次言語領域（物体の構造の表象と機能の表象とを統合すると考えられている）が賦活されます。(23)　言語――ずば抜けて優秀な「組み合わせシステム」――が、モノと行為の表象を、迅速、柔軟、生産的に組み合わせ、わたしたちのもつ、さまざまな道具について学習しそれらを使用するゆたかな能力を生み出す機能を担うのです。

私自身は道具使用の発達に焦点をあててきましたが、他の、ヒトに特異的なさまざまな能力も、よく似た発達のパターンを示すようです。たとえば、ヒトの乳児もヒト以外の動物も、数を表象するコア・システムを備えているものの、特有の限界を抱えています――具体的には、おおざっぱで再帰性をもたない点で、自然数の十全な表象には程遠いのです。自然数概念が出現するのは、四–五才頃、子どもたちが、数に関する語、自然言語による数量化、そして言語的なカウンティング――数に関するさまざまなコア表象と少数の物体に関するコア表象とを組み合わせる前提となる学習――を身に着ける時期になります。[24] さらに例を挙げれば、ヒトの乳児にもヒト以外の動物にも、二次元図形のさまざまな形状を表象するコア・システムや、周囲の表面レイアウトの広域的な形状を表象するコア・システムが備わっているものの、これらは別個で互いにほぼ無関係です。ヒトの子どもたちは、生後三年めに入って、言語の使用を通してこれらのシステムを関連づけはじめ、その結果、幾何学的な地図をもちいて道を辿ることができるようになるのです。[25] ヒトの認知に特異的な三つの属性――道具使用、自然数、幾何学――は、自然言語に関わる、ヒト特異的な「組み合わせ能力」(combinatorial capacity) から生じるものだと考えられます。

これらの知見を、トマセロが述べてきた研究と関連づけて考えると、ひとつの問いが当然のごとく浮かびあがってきます。自然言語を可能にするヒトの能力、そしてそれが支える「組み合わせる」力は、志向性を共有する能力とどのような関係にあるのでしょう? 言語がヒトにとって重要な、決定的とさえいえる認知的ツールであることをトマセロは否定しません。しかし彼は、言語獲得自体には説明を加える必要があり、志向性を共有するわれわれの根源的な能力がその説明を果たしてくれると主張しています。[26] トマセロの見解によれば言語獲得は、遺伝的に規定された言語能力の産物ではありません。他の人々とのインタラクション過程の中で、子どもたち自身と社会的なパートナーたちが、さまざまなものに対して、そしてお互いに対して一緒に注目を向けることで、子どもたちによって築き上げられるものなのです。この見解に立てば、自然言語は、われわれヒトだけにみられる協力やコミュニケーションのありかたの産物であり、源ではないことになります。

しかしながら、因果の矢印が逆方向を向いていることも考えられます。ヒトだけにみられるような志向性の共有のありかたは、コア表象同士を生産的に組み合わせるという、ヒトだけにみられる能力によって可能になっているのかもしれない。この、対抗馬となる見解に立てば、社会的推論の領域を含め、認知のいかなる実質的領域においても、ヒトだけが持つコア・システムは存在しません。ヒトだけにそなわったコアな基礎は言語のみであり、言語が、知識のあらゆる領域において、そして領域間で、諸概念の表象と表出とを担うのです。別個のコア表象同士を迅速に、生産的に、そして柔軟にまとめ上げる、ヒトだけにそなわった能力は、わたしたちが生まれながらに持つ言語能力によるものなのかもしれません。

これらふたとおりの説明――ヒトだけにみられるインタラクションの産物としての言語 vs. ヒトだけにみられるインタラクションの源としての言語――は、さらに乳児を対象とした研究を通じて、志向性の共有の起源を探ることで、もっともうまく峻別できるでしょう。幼いヒト乳児は、多くの点で社会的です。生まれた時点から人物と人物を見分け、他者の視線方向に注意を向けます[27]。新生児はまた、自分自身の行為と他の人々の行為とのなにがしかの対応に敏感であり、この感受性を利用して、初期段階の模倣をおこないます。観察した動きに関わる動きを生成するのです(28)。

しかし、重要なことに、これらの社会的能力の中に、ヒトだけにそなわったものはひとつもありません。ヒト以外の霊長類も、先行する視覚経験を欠いてさえも顔への感受性を示しますし(29)、物体に向けられた視線を追います(30)。自身の行為と他者の行為との対応を新生児でさえ検出し、ヒトの新生児と驚くほど同様に、さまざまな模倣をおこないます(31)。われわれの社会性のコア――他者への関心や、かれらを理解し、かれらと関わりあう能力――は、われわれヒトだけに備わったものではないのだということを、こういった研究が教えてくれるのです。

さらに、他者を社会的パートナーとみなすコア・システムと、他者を「目標志向性を持つエージェント」とみなすコア・システムとには大きな断絶があるようです。乳児（そしてヒト以外の動物）は、自分と同じ種の個体を、物体に働きかけるエージェントとしても、さまざまな心的状態を共有するパートナーとしてもとらえています。しかし、これらの観念同士を柔軟・生産的に組み合わせている兆候がないのです。ヒト以外の動物や乳児が、（目標志向的な行為が、さまざまなかたちでの協力や注意の共有を通して、自分自身の行為と協調されているような）情報伝達者・協力者として他者を扱わないことも、行為者の表象と社会的パートナーの表象とが組み合わせられていないことによって、説明できるかもしれません。

トマセロの研究がみごとに示したように、志向性の共有——自己と、社会的パートナーと、目標志向的行為の対象となるものとを結ぶ三項関係——が起こるのは生後二年めが始まる頃です。その時以来子どもたちは、情報を伝えるために指さしをし、視線方向から他者のさまざまな意図を見定め、そのひとの過去の行為や知覚内容をもとに他者の知識内容を推定し、他者が目標を遂げる手助けをするようになります。志向性の共有はおそらく、この年頃に統合されるシステムだと思われます。しかし、これが、ヒトのユニークさの要《かなめ》なのでしょうか？　それとも、このコミュニケーションシステムは、——道具や自然数、象徴的地図のように——さらに根源的で、知識に関する既存のコア・システム同士が結合することで作動する、組み合わせ能力によって築かれるものなのでしょうか？

これまでの研究が、この問いへの決定的な答えをもたらしてくれているわけではありませんが、後者の見解に有利な知見もいくつか得られています。こちらの見解に立つなら、志向性の共有は、単一の、統合された完成品がはじめから現れるのではなく、言語の獲得がすすみ、表象同士が組み合わされるにしたがって、段階的に姿を現すと考えることができるでしょう。どうもこれは当たっているようです。指さしなどのコミュニケーション行動や、相互凝視のような社会的注意の状態を理解する過程にある生後一〇カ月時点では、これらの発達は密接に関連しあってはいません——ある領域はマスターしたけれど、他の領域はまだまだ、ということもありえます。[32] さらに、一〇カ月児は、誰かが何かに向けている視線をしっかり追うことも、そのひとが手をのばしている何かに目を向けることもできますが、これらふたつの能力を組み合わせて、「その人は見ているものに手を伸ばすだろう」という予測を立てることはできません。(33) これらが示すように、乳児は、まわりのひとたちを行為者として理解することと、周囲の世界に関する経験を共有する知覚者として理解することとをうまく統合できないのです。そのため、「子どもの言語発達が、それなしにはばらばらの認知能力同士を連結する役割を担っている」という考え方から予測されるとおり、志向性の共有は、分断された状態であらわれるのです。

これらふたつの観念はいかにして統合され、乳児と社会的パートナーと、両者が知覚し行為の対象とするものとの三項関係を形成するようになるのでしょう？　子どもたちは、一歳になる手前頃に、自然言語を利用することで、志向性共有の三角形を構築するようです。語には、（1）物体を参照し（2）社会的交換の媒体となる、という、ふたつの顔があるため、自然言語表現は、エージェント、社会的パートナー、そして物体それぞれのあいだのきわめて重要なきずなとなりえます。子どもたちは、自然言語表現を用いることによって物体とエージェントそれぞれのコア表象同士を生産的に組み合わせ、道具使用者となるのと同様に、自然言語表現を用いることによって、エージェントと社会的パートナーそれぞれのコア概念同士を生産的に組み合わせ、意図的な情報伝達者・協力者となるのです。きわめてヒトらしいコミュニケーションや協力のかたちは、ヒトだけがもつ組み合わせ能力のおかげなのかも知れません。

コメントの焦点を、ヒトだけに備わった認知能力を説明しようとするふたつの試みに絞ってきました。生まれつきで種特異的な志向性の共有能力というトマセロの見解と、自然言語というかたちの、生まれつきで種特異的な組み合わせ能力という見解です。現時点では、これらのうちどちらの説明が正しいのかは分かりません。それでもなお、トマセロの数々の知見は、最新の思考の実りある方向に焦点を合わせたものであるし、彼の方法は、われわれの理解を進めるためのモデルを提供してくれていると思えます。

しかし、さらにあゆみを進めるためには、研究者たちは、トマセロが示した独創的なアイディアを、一、二、三才児の観察から洞察を導き出す際に活用するとともに、ヒトかヒト以外かにかかわらず、さらに乳児の社会性を探ってゆく必要があります。物体表象の場合と同様に、ありとあらゆる方法論――神経生理学から統制条件下での養育研究まで――を結集して、社会的知識に向けてもっとも初期にあらわれる能力を探求することも可能です[34]。発達の最初期にあらわれるヒトの社会的知識を解明して武器にすれば、トマセロの研究があきらかにした、生後二年めにおいて、驚くべきコミュニケーションや協力がいろいろなかたちであらわれる呼び水となる発達現象を探ることもできるでしょう。乳児の社会的・言語的経験を増強し、この増強が認知にもたらす効果を調査する実験をおこなえば、この目標に向かってとりわけ大きな示唆が得られるでしょう。

こういった研究の結果がどのようなものになろうとも、トマセロのおこなった研究は、乳児のこころと行動の研究の「次の一〇年」が、これまでと同様実り多いものになるであろうことを確信させてくれるものです。ヒトの本性やヒトの知識に関するさまざまな根源的問い、数千年のあいだ未解決だった問いの答えがもたらされつつあります。この答えに向けた特段の実りが、今こそ、わたしたちの種のもっとも幼いメンバーたちとの比較研究をとおして、もたらされる時だと私は考えています。

謝辞

この本は、二〇〇八年の冬にスタンフォードでおこなったタナー講義に少しだけ手を加えたものです。講義の形式張らない雰囲気を残したいと考えたため、通常よりも学術的な引用が少なくなっています。多くの箇所で、ほんらい触れておくべき他の研究者に触れず、その領域全体をカバーする本や総説を(それもしばしば私自身のものを)引用したのみにしています(多くの場合、適切な文献はその引用に含まれています)。私自身の研究に偏ったものになっているのは、ここでの講義およびこの本における私の第一の目的を反映したものです。つまり、ここ何年かのあいだに共同研究者と私がおこなってきた類人猿とヒトの協力研究に、皆さんをいざないたかったのです。このようなかたちでの省略と自己中心性について、読者の皆さんのお許しを願います。タナー委員会（特にデブラ・サッツとマイケル・ブラットマン）、コメンテーターであり寄稿者であるみなさん（キャロル・デック、ジョーン・シルク、ブライアン・スキームズ、エリザベス・スペルキ）、きわめて得るところの大きかった三日間の出席者のみなさんに感謝します。マックス・プランク進化人類学研究所の共同研究者たち（過去・現在ともに）からは、変わらずさまざまなインスピレーションとアイディアを得ています。ここで報告した研究については特に、ブライアン・ヘア、アリシア・メリス、ハネス・ラコッツィ、フェリックス・ヴァルネケンの名前を挙げさせていただきたいと思います。

訳者解説とあとがき

米国の実業家であり哲学者でもあったオーベル・クラーク・タナー（Obert Clark Tanner）は一九七六年、グレース・アダムス・タナー（Grace Adams Tanner）夫人とともに、「人間の価値に関連する学問的・科学的知見を省察し前進させること」をその目的とする連続講義「人間価値についてのタナー講義」を創設した。爾来この講義は、米国のスタンフォード、ハーバード、イェール、プリンストン、UCバークレー、ユタ、英国のケンブリッジおよびオクスフォードの各大学において原則毎年開講されており、タナー講義の講師として招かれることは、「人間の価値をめぐる研究領域」における比類ない業績を認められたことを意味する栄誉のひとつとみなされている。
スタンフォード大学がホストとなっておこなわれた二〇〇八年のタナー講義の講師となったのは、マイケル・トマセロだった。一〇月二九―三一日の三日間にわたるプログラムには、彼による二回の講演と、講演に対する討論の時間が設けられていた。本書『ヒトはなぜ協力するのか』は、その際の講義と討論とをまとめた"Why we cooperate" (Michael Tomasello, 2009, MIT press) の全訳である。

本書には、トマセロがマックス・プランク進化人類学研究所のディレクターのひとりに就任した一九九八年以来、同僚たちとともにおこなってきた、チンパンジーを中心とする大型類人猿とヒトの乳幼児とを対象とした比較行動実験の成果が、「他者を援助する」「協力する」といった行動の発達と進化を中心テーマに据えて、講義の雰囲気を残しつつコンパクトにまとめられている。

ここでは、この「協力の進化」、「協力を可能にするこころ」という本書テーマについて、とくに生物学の側面からすこしだけ整理しよう。本書の中心となっているのは、心理学領域において最近二〇年たらずのうちに一気に花開いた分野からの知見といえる。しかし一方で、「協力」「援助」という切り口が、(ヒトのこころの起源を論じるにあたって) そんなに新しいのかと疑問に思う読者もいらっしゃるかもしれない。協力の研究を通じてトマセロが迫ろうとしている「こころ」あるいは

「こころの起源」というヒトの本性に直結するテーマを探る際に、ヒト以外の動物との比較をおこなう手法だって、少なくとも西洋哲学の潮流においてはアリストテレス以来の伝統といえるし、たとえば一八世紀後半、コンディヤックは「動物論」において、ヒト以外の動物の認識や観念、悟性、意思の存在を認め、ヒトのそれと比較する議論を展開している（いっぽうで、デカルト的な「比較」は、むしろヒトとヒト以外の動物との断絶を強調するためのものであったとはいえるかもしれないけれど）。

ただ、これらの比較が「その起源においてヒトという種とその他の種とが連続している可能性」を前提としておこなわれることは、一九世紀初頭まではほとんどなかった。一九世紀半ばに、キリスト教的自然観・人間観という当時の大きな潮流に揉まれながら、「ヒトという生物の本性を探る比較研究」という帆船に自然淘汰と性淘汰という圧倒的な二本のマストを与えたのはチャールズ・ダーウィンだった。[1] ダーウィンの理論は生物および生態系の進化全般に渉る「アルゴリズム」（Dennett, 1995）[2] を提唱したものであり、ヒトの理解への貢献はその一端でしかないが、ダーウィン自身が「人間の由来」（Darwin, 1871）[3] において「下等動物の場合と同じく、まちがいなく共同体の幸福のために獲得されたヒトの社会的本能は、最初から、仲間を助けたいという欲求や同情心をヒトに多少なりとも与えていたことだろう」と述べたとおり、さいしょから、援助や協力を可能にするヒトのこころや行動を、進化の枠組みでとらえることになることをじゅうぶんに認識しつつ穏やかに提案していたたし、その理論がもたらす影響についても理解していた（『種の起源』発表前にハクスリーに宛てた書簡からもそれは知れる)。進化的視点からヒトを理解しようとした研究者たちにとっても、協力や利他行動、それを可能にするヒトの心性は研究の主軸のひとつであり、たとえば、一九〇一年に出版されたホブハウス(Hobhouse)の著書"*Mind in evolution*"[4]の中には、「相互扶助は、疑いようもなく本能的基盤を持つ」という記述を見出すことができる。ダーウィンを日本に紹介した初期のひとりである丘浅次郎も、一九三〇年代に『猿の群れから共和国まで』[5]という印象的なタイトルの著書において、協力傾向をヒトの本性として明確に指摘している。

登場の当初はダーウィン的進化を反証する強力な根拠と考えられていた(発表当時は顧みられることのなかった一八六六年のメンデル論文[6]が二〇世紀初頭にコレンス、ド・フリース、チェルマックらによって「再発見」されて以来の)遺伝学の成立と発展は、一転して一九二〇年代以降、フィッシャーやホールデン、あるいはシューアル・ライトらによって、自然淘汰理論とのみごとな融合がなしとげられるという「コペルニクス的転回」を遂げる。しかしこの時期は、『種の起源』発表直後から見られた、社会的ダーウィニズムやその延長上に生じた「優生思想」が社会に跋扈する時期と重なることになる。二つの世界大戦を含むこの時期、ナチズムがそうであったように(民族主義や国家主義を正当化する論理は、いつでもどこでも同じだが)、進化を論じる際の大前提となる個体や環境の時空間的な多様性に目を凝らすことのないまま、一元的で大方が身びいきの「強さ」「優秀性」を依りどころにした「理論」が跋扈したことが悲惨な影響をもたらしたのだ。こうしたことがあって第二次世界大戦後、ヒトの行動やこころを進化的に理解する潮流そのものが、強い拒否感を持って迎えられるようになった。

そのような歴史を経ながら、ヒトの行動の生物学的側面が研究の表舞台に本格的に再登場するのは一九六〇年代以降のことである。この潮流が復活を遂げ大きく飛躍する背景には、先立つ二〇世紀前半に、

■遺伝子、およびDNAの発見から、遺伝メカニズムの解明。

■一九二〇年代のフォン・ノイマンや、その後のジョン・ナッシュらによって確立されたゲーム理論（これらはもともと生物学と関係があったわけではない）の発展。

■ローレンツ、ティンバーゲン、フォン・フリッシュらによるエソロジー（比較行動学）の成立と、生物の形態だけでなく「行動」を研究対象とする方法論の確立および洗練。

という、すくなくとも三つのトピックが大きく貢献している。

遺伝子という実存的基盤の上に、「繁殖成功」というアウトカムをめぐって、個体のとる行動が相互に作用を及ぼしあう進化というゲーム。このようなかたちで、環境に対する個体の行動だけでなく、個体相互のインタラクションまでも研究の視野に据えることを可能にしたのが、二〇世紀の進化生物学の大きな進展といえる。一九六四年には社会的相互作用モデルに端を発する包括適応度の概念がハミルトン(7)によって提唱され、一九七一年にはロバート・トリヴァース(8)が、利他性を論じ

る上での重要な前提となる互恵性の概念を提唱する（彼は同時に、互恵的利他性を可能にする「精神的メカニズム」の探求の必要性を唱え、一九九〇年代以降の「進化心理学」に引き継がれる）。メイナード＝スミスらが進化ゲーム理論[11]を提唱するのは一九七三年である。一九七五年にはE・O・ウィルソンの大著『社会生物学』[9]翌七六年には（比較行動学の創始者のひとりであるティンバーゲンの教え子のひとりであった）R・ドーキンスの『利己的な遺伝子』[10]が出版され、秀逸なキャッチフレーズとともにこの潮流がひろく知られただけでなく大論争（いわゆる「社会生物学論争」）を巻き起こすことになった。

しかし一方で、インタラクションそのものにかんする問いと、そのインタラクションを可能にする個体のシステム（「こころ」と呼んでもよい）にかんする問いとは、相互に関連しながらも本質的にはことなるものであることも重要だ。社会生物学論争が起こったのと同時期に、知性という属性の機能やその起源に関する議論にも、大きな転換点が訪れた。『利己的な遺伝子』出版と同じ一九七六年に、ニコラス・ハンフリーが「社会的知性仮説」を発表し[12]、「複雑な社会関係を処理するデバイス」として知性（およびその基盤としての脳）が進化してきた可能性を指摘したのだ（こういう偶然に目がいってしまうのもきっとヒトの性《さが》だが、先述したとおり、タナー講義が開始されたのもこの年だった）。チンパンジーの「言語プロジェクト」を、他とはまったく異なるオリジナルな視点から推進していたデイヴィッド・プリマックがガイ・ウッドラフとともに、こちらは心の哲学の影響を色濃く反映しながら「こころの理論」"Theory of Mind" という概念を提示し、「こころ」という、原理的には知覚しえない内的な情報処理システムを自己および他者に（自分と同種だけでなく異種に対しても）想定してしまう傾向の起源という問題をはじめて問うたのは一九七八年。[13] 一九四〇年代のロバート・ファンツにはじまる、エソロジー的手法を展開してヒト乳児の知覚認知発達に関する実験研究をおこなう方法論が確立しさらに展開されたことで、乳幼児期の行動発達研究が急速に進展（いわゆる「赤ちゃん革命」）したのもまた、七〇年代後半以降のことである。

このように、一九七〇年代後半に、「協力」というインタラクションとそれを可能にするこころという装置との起源を自然科学的に扱おうとする際に必要な基本的道具立て（つまり理論と方法論）がどちらもほぼ揃うことになる。生物学分野に関しては、その後かなりの期間が「社会生物学論争」に費やされることになるわけだが、感情的な側面も多分にあった当時の激しい議論の応酬は現在では相応に鎮火し、ヒトを巡る進化の問題について論じること自体が肩身の狭い立場に追いやられるようなこともなくなってきた。その議論がきちんとしたデータとまっとうな人間観にもとづいたものである限り、「強欲な遺伝子還元主義」的態度（デネットの表現）を、まずは現象をダーウィン的適応に還元してみようとする、グライスの公準に準拠した態度と見なすスタンスの取り方も可能になっていると思う。

その後、社会生物学論争と前後した時期に発表され、トマセロらの研究にも直接関連する重要なマイルストーンとなった研究がまとめられた大著が一九八八年に出版される。ホワイトゥンとバーンの編による『マキャベリ的知性』[14]である（同書の最初の章には、ハンフリーの「社会的知性仮説」論文が再掲されている）。競合および協力を正面からあつかうことで、それらを司る社会的知性の進化に迫ろうとした同書だが、ニッコロ・マキャベリの名を冠したタイトルからもあきらかなように、協力についても、あくまでも競合の延長上に位置づけた側面が強いことは否めない。たしかに、協力の進化を論じる限り、協力する個体にとってのなんらかの利益が想定されなければ、その傾向は安定でありえない。

しかし、（直接的な）互恵性とはほど遠いところで発揮されるヒトの行動もやはり枚挙にいとまがないのではないだろうか。ヒトに見られる協力が「特別なもの」でなくてはならない必然性はないが、「競合関係をとおして進化した社会的知性」というフレームワークを延長することで、ヒトの示す特性がすべて説明しきれるのかという問題は、やはりくすぶりつづけていた。とはいうもののこの時点では、このような議論は、生物学的視点と文化構成主義的視点との（おそらくは誤った）二項対立的構造へと回収されてしまっていたという点において、「社会生物学論争」をひきずらざるをえなかった。

ところが次第に「生物学的視点」の側からも、データが蓄積されるにしたがって、ヒト以外の生物で次々と示されている「知性」の延長上のみでヒトをとらえるのがどうにも困難になってくる。

洗練された行動実験を通じて、競合的・および相利的協力場面で発揮される社会的知性の多くがヒト特異的なものではなく、霊長類、鳥類、社会性昆虫と、さまざまな種において発揮されていることがあきらかになってきた。

また、一九九〇年代から二〇〇〇年代にかけては、当初物理的な側面を中心にあつかってきた乳幼児の初期的な知覚認知研究が、コミュニケーションや社会的認知までもその射程に据えるようになり、そこに直接アプローチする方法論が洗練され一定の成果を収めてきた。素朴にタブラ・ラサ的な発達観はここでの知見にもとづいて本格的に退場することとなる（コメントの寄稿者であるスペルキは、この分野の重要な貢献者のひとりだ）。「こころの理論」の問いを正当に踏まえたスペルベルとウィルソン（1986）による関連性理論の提唱も[15]、コミュニケーションの基礎理論としての大きな影響を持つようになった。さらに、ノヴァクとシグムンド（1998）による間接互恵性概念の提唱は[16]、直接的な互恵性を越えた「評判」すなわち社会的情報の寄与を互恵性の進化モデルに包括した点において、画期的なものであったといえる。

「協力を可能にする、こころという認知システムがいかなるものであり、そのシステムがいかに進化してきたのか」という問いは、このあたりでようやく明確なかたちをとりはじめた。本書にまとめられたトマセロと同僚たちの研究は、以上のような文脈の上に位置づける必要があるように思う。協力の問題は本来、「共生」といった言葉と同様に、「競合の時代から協力・共生の時代へ」などといった耳触りの良いキャッチフレーズにまとめられるようなものではない（本書第二章冒頭に引用されたニッコロ・マキャベリのことばが再確認させてくれるとおり）。本書に提示されたあたらしい事実たちは、社会的関係の中に生きる個体が採る戦略間の均衡点として生じる協同や協力が、いかに微妙なバランスの上に成り立っているか、だからこそいかに心惹かれるものかということを再認識させてくれる。しかし同時に、繰り返しになるが、協力はいかに進化したか、という問いと、その協力を可能にする（たとえばヒトという種の）心的基盤はいかなるものであるかという問いとは、一見同じようなものでありながら異なる問いだ（これは、内的なシステムとしての感情の進化と、表出システムとしての表情の進化とは本来個別に検討する必要があるのと似ている）。ダーウィン以来、ヒトを理解しようとする際に、「協力」は大きな課題でありつづけていたが、特に一九七〇年代以降現代に続くこの研究領域の進展は、ヒトという生物のインタラクションの特性やそれを可能にするこころの基盤を自然科学で取り扱うことを、理論的にも可能にした。さらに、二〇世紀を通じて拡大し、洗練されてきた自然科学的研究手法が、世紀を経て、以前は社会・人文科学がもっぱら扱ってきたテーマにも拡張されはじめたことが、今世紀の「こころの進化」研究の転回点だったと言えるのではないだろうか。「モジュール的アプローチあるいは領域固有的アプローチを取っている認知心理学者たちはルートを拓いて登っていた前人未到の山岳で、予想もしない事態に遭遇した。山の反対側から同じ山頂を目指して登ってきた他の隊に出会ったのである。それが進化心理学者である」と、（進化心理学のファウンダーであり、トリヴァースの教え子であった）コスミデスとトゥービーは述べた。[17] しかし、進化という視点との邂逅は、領域固有性と進化心理学との間だけで起こった現象にはとどまらない。「認知革命」と同時期の一九七〇年代を起点に出現した「こころの進化」研究の理論的・方法論的成熟が、二〇世紀のあいだに同じく発展してきた認知科学と統合されるのは、まさにこれからのこと、寄稿者のひとりであるスペルキのことばを借りれば「次の一〇年」の大きな課題であり、その動きは始まったばかりだ。

本書の構成としては、「序章」も含め四章分のトマセロの主張に対して、「フォーラム」の項で、キャロル・デック、ジョーン・シルク、ブライアン・スキームズ、エリザベス・スペルキの四人がそれぞれの立場からコメントを加えている。四人の名前が、本書でトマセロが提示する仮説にみごとに盛り込まれているのも印象深いが、かれらのコメントは、トマセロの主張に敬意を払ったていねいな表現をとりながら、その内容はときに辛辣だ。シルクは、トマセロの強調した互恵性を「種内における双利性の一形態」と捉えなおした上で、利他性進化のシナリオが他にもありうることを提示し、デックは、トマセロが示したヒト乳幼児の能力に、早期の学習が関与する可能性を指摘する。スキームズは、「こころ」に限局されない進化的枠組みで協力という現象を理解する必要とその可能性を論じ、スペルキは、トマセロの進化シナリオにおいて相対的に小さく扱われているといえる「言語」が果たす役割を、自身の研究を背景に説得力を持って提示する。トマセロの主張の弱点が暴かれたり、ロジックがひっくり返されたり、フォーラムでのかれらのコメントを読みすすんで「結局どういうこと？　トマセロの主張は正しいの？　正しくないの？」と困惑される読者も、もしかするといらっしゃるかもしれない。しかし、すくなくとも自然科学における理論や仮説というのは本来「そういうもの」だ。定説化された知識が並べ立てられるのではなく、あらたに提示された発見やその解釈が他者と出会い、穏やかに火花を散らす様子が、本書では、ある意味で追体験できる。そうして残った熾きのようなものが、時代を超えて少しずつ積み重ねられていく（わたしたちはその最初のステップにいる）。このプロセスこそが、現代においてリアルタイムで進行している研究にかかわる醍醐味だと思う。

この意味では、四人のコメントに対するトマセロの反応あるいは反論も興味のあるところだが、そこについては、本書の後に発表されたトマセロたちの論文や、同じ分野の研究者たちの議論に注目していただきたい。トマセロのチームは現在も精力的に論文を生産し続けているし、その他の研究機関からのアウトプットに関して、本書以降の注目すべき研究を少しだけ紹介すれば、チンパンジーの自発的利他行動については、フランツ・ドゥ・ヴァールらが、「条件さえ整えれば出現しうる」との主張を展開しているが[18]、彼らの実験やディスカッションには反論もある。一方、同種他個体の置かれた状況を視覚的に理解し、その後の要求行動に応じて、要求者が必要とする（が、要求者自身は取ることのできない）適切な「道具」を手渡すという行動がチンパンジーで見られることが、京都大学霊長類研究所の山本真也らによって報告され、「要求には応えるが自発的には援助しない」という傾向が指摘されていることも注目される。[19] また、チンパンジーと同じく系統的にヒトと近縁なボノボの自発的利他行動（鍵を開けて隣室のボノボを入室させることによって、結果的に食物を分配する）がブライアン・ヘアらによって報告されている。[20] ヘアはトマセロ・チーム出身者のひとりであり、非言語的な「心の理論」を含む他者理解課題や視線理解に関して、ヒト・チンパンジーの二種間比較にとどまらず、ボノボやゴリラ、オランウータンを含む大型類人猿全般での体系的な比較を、その研究フィールドの開拓も含め精力的に牽引してきた。ほんとうに「ヒトだけが〝見境のない利他主義者〟」なのかについても、現実的な研究方略として、これまでのようなヒト、チンパンジーばかりでなくボノボや他のホミノイドを加えた直接比較から、ヒトにおける協力行動の系統発生的起源に関するより厚みのある議論が導き出せるかもしれない。

また、ヒトの乳幼児に関しても、かれらが特定の傾向を示す他者に対して社会的選好を示し、そのような他者に対して選択的に利他的であることを示す研究成果が、次々と報告されている。[21] たとえば、自分の動きを真似してくる他者であったり、誰かを助けている（のを観察した）他者、[22] あるいは、自分の生育環境と同じ訛り（アクセント）でしゃべる他者であったり。[23] 選択的な利他性を導く要因も、互恵（および互恵からの逸脱）に関する経験だけとは限らないようだ。「わたしたち」をかたちづくる内集団とはいかなるもので、子どもたちは（そしておとなは）いかにしてそのメンバーを識別しているのか。あるいは、そのような内集団を超越してさえ発揮される利他性は、どのようにして生じるのだろうか。ヒトという社会的な存在の成立基盤を理解しようとする際に、進化と発達のアプローチが果たす役割は、今後さらに大きくなるだろう。

また、言うまでもないことだが、これらの問題にアプローチするにあたって、自然科学的な視点と実験手法の重要性は高い。「実験」というと日常の生活から遊離した無味乾燥なもののように思われてしまう場合があるかもしれない。もちろん、実験状況ならではの特殊性や限界を考慮することは当然だが、スラヴォイ・ジジェクが指摘するように、その特殊性から垣間見える普遍性に目を凝らすことも、同じくらい重要である[24]。観察者自身の思い込みや思考バイアスを相対化しようとする方法論を離れて「（自分たちこそ）リアルな生活をあつかっている」と過信することによって見逃されてしまうことも、あまりに多いように思えるのである。

「研究者にとっての翻訳」というのはどういう作業だろう。訳者自身はコミュニケーションの発達やその進化に関する実験研究を生業として大学に勤めつつ暮らしているのだが、翻訳そのものが「業績」となる研究領域もあるのは理解しているものの、少なくとも自分がかかわっている分野に限ってはそんなことはない。よそ様の仕事を翻訳して紹介するなんてことをやっている間に、それでなくても歩みが速いとはとてもいえない手前の研究をちゃんとやらんか、という先輩や同僚の声が聞こえる気さえする。しかし、引き受けておいてそんなことを被害妄想的に考えながら翻訳を進めている（そういうことをしているからさらに作業が遅れるのだ）ときにたまたま、村上春樹氏と柴田元幸氏の手になる「翻訳夜話」を読んだ。(25) おかげで、翻訳というのはその本の「いちばんの読者」になりうる機会であり、仕事柄いずれにせよ自分が読まなくてはならない本の、「いちばんの読者」になろうとしてみる機会を得られたのは幸福なことだと思考の方向を変えてもらえた。まったく余談だが、トマセロさんに翻訳が上がった報告をした時に、なんの拍子かこの話を書いて送ったら、「ぼくもムラカミは大好きな作家のひとりです」という返事がきた。

というわけで公共の奉仕心に駆動されて翻訳作業を進めたのではまったくないものの、この邦訳を通じて、この領域の研究に興味を持ち、原典となる著書や、引用された研究の原典となる英語論文、そして、トマセロに限らず現在進行形のディスカッションに触れ、さらには実際に研究に足を踏み入れる日本語圏の読者がいらしたならとてもうれしいのはほんとうだ。本書にみられるように、生物としてのヒトの成り立ちと社会とのかかわりについて自然科学的・実証的に検討し議論する潮流は、世紀を挟んで急速に大きなものになっている。「こころは、宇宙と同じく人類に残された最後のフロンティアである」などともっともらしく述べたてるのも気恥ずかしいがしかしこれも間違いではないことで、現代の社会やこの惑星（あるいはその周り）で起こっていること、起こりつつあることを見据えつつ、知識とともに実証的な検証の手段を磨きながら、一歩ずつ「ヒトとはなんだろう」と問い続けること、それを他者と共有しつづけることは、いま、切実に大切なことであるはずだ。「協力」や「共感性」という概念を社会的なドグマからいったん切り離し、その背面にあるものとともに冷静に取り扱おうとしつづけることも、歩みが遅くみえたとしても、倦まずに進めなくてはならない作業だと思う。

さいごに、いくつかの訳語について説明をしておく必要がある。原著が講演をもとにしたものであったので、邦訳に際してはその雰囲気を多少なりとも再現するため、「です・ます」調を基本に語調をととのえた。本書にあらわれる「私」も「わたし」も、原語では同じ“I”や“me”であるが、訳文においては、「私」が「それぞれの原文における寄稿者」（トマセロの文章ならばトマセロ自身）に対応するのに対し、「わたし」は、エージェント中立的に想定される一人称に対応する。“We”に関しても同様に、「我々」は、著者自身の研究グループ、「わたしたち」は、エージェント中立的な場合、および著者が講演の際に聴衆を含めて使用した場合や「ヒト」などの種や特定の社会集団をさす“we”に対応する。原著タイトルの“we”は、上記のさまざまな意味を包括したものと言えるが、ここでは語感も含めて「ヒト」とした。

術語の訳についても、少しだけ説明しておきたい。Joint attention は、「共同注意」と訳すのがすでに一般的であるが、原語においては、内的なエージェント理解をかならずしも伴わない（伴うかどうか原理的にわからない）行動レベルでの現象についてこの語が使用されていることを考慮すると、「共同」という訳語のニュアンスよりもエージェント中立的でむしろ「無機的」な表現が適当であると思われたため、本書では「注意の接続」と訳出している。他の訳語との整合性、たとえばShared attentionの訳出（こちらは「注意の共有」とした）とコントラストをつけつつ、語感の一致を図る意図もあった。Joint engagementは「関与の接続」ということにしている。他にもあるが、このようなたぐいの術語が訳文中に初出する場所には、括弧内に原語を付したのでご参照ください。

「翻訳者を探してるんだけど、やらない？」と声をかけてくださった東京学芸大学の松井智子さん、ありがとうございました。担当編集者の土井美智子さん、永田悠一さんには、篤くお礼申し上げるとともに、作業の遅れを深くお詫びします。訳文に目を通してくれた同僚や院生・学生諸氏、そのほかご協力いただいたみなさんにも感謝します。

寄稿者略歴

キャロル・S・デック（Carol S. Dweck）

スタンフォード大学ルイス & ヴァージニア・イートン心理学教授．社会性の発達研究および教育における貢献により，多数の受賞歴がある．著書に “Mindset”.

ジョーン・B・シルク（Joan B. Silk）

カリフォルニア大学ロサンゼルス校人類学部門教授．共著書に “How Humans Evolved”.

ブライアン・スキームズ（Brian Skyrms）

カリフォルニア大学アーバイン校論理・哲学の科学と経済学部門主幹教授，ならびに，スタンフォード大学哲学部門教授．著書に “Stug Hunt and the Evolution of Social Structure”．アメリカ科学芸術アカデミーおよび米国科学アカデミーフェロー．

エリザベス・スペルキ（Elizabeth S. Spelke）

ハーヴァード大学心理学部門教授．グッゲンハイム記念財団フェロー．2009年にジャン・ニコ賞受賞．

人名索引

ナ　行

ハ　行

マ　行

ヤ　行

ラ　行

事項索引

サ　行

タ　行

文献と注釈

複数回登場する文献について，再出以降では著者名と発行年，タイトルのみが記載されている。文献が同じ章内で再出の場合には［#3］のように初出の注釈番号を，章を越えて再出の場合には初出の章のタイトルと注釈番号を付記した。邦訳がすでにある場合には付記した。

はじめに

1. Tomasello, M., Kruger, A. C., and Ratner, H. H. 1993. Cultural learning. *The Behavioral and Brain Sciences* 16（3）: 495–511.
2. Richerson, P. J. and Boyd, R. 2006. *Not by Genes Alone: How Culture Transformed Human Evolution*. Chicago: University of Chicago Press.
3. Searle, J. R. 1995. *The Construction of Social Reality*. New York: Free Press.
4. Bratman, M. 1992. Shared Cooperative Activity. *The Philosophical Review* 101: 327–341.
   Gilbert, M. 1989. *On Social Facts*. Princeton: Princeton University Press.
   Searle, J. R. 1995. *The Construction of Social Reality*.［#3］
   Tuomela, R. 2007. *The Philosophy of Sociality: The Shared Point of View*. Oxford: Oxford University Press.
5. Tomasello, M., Carpenter. M., Call, J., Behne, T., and Moll, H. 2005. Understanding and sharing intentions: The origins of cultural cognition. *Behavioral and Brain Sciences* 28（5）: 675–691 .
6. Tomasello, M. 1999. *The Cultural Origins of Human Cognition*. Cambridge, Mass.: Harvard University Press.（トマセロ，M. 大堀

壽夫・中澤恒子・西村義樹・本多　啓 訳（2006）.『心とことばの起源を探る：文化と認知』勁草書房）

7. Herrmann, E., Call, J., Lloreda, M., Hare, B., and Tomasello. M. 2007. Humans have evolved specialized skills of social cognition: The cultural intelligence hypothesis. *Science* 317（5843）: 1360–1366.

第1章

1. Warneken, F. and Tomasello, M. 2009. The roots of human altruism. *British Journal of Psychology* 100: 455–471.
2. Warneken, F. and Tomasello, M. 2006. Altruistic helping in human infants and young chimpanzees. *Science* 311（5765）: 1301–1303.
   Warneken, F. and Tomasello, M. 2007. Helping and cooperation at 14 months of age. *Infancy* 11: 271–294.
   なお，この援助行動の映像は以下で視聴可能：http://www.eva.mpg.de/psycho/study-videos.php
3. Warneken, F., Hare, B., Melis, A., Hanus, D., and Tomasello, M. 2007. Spontaneous altruism by chimpanzees and young children. *PLOS Biology* 5（7）: e184.
4. Warneken, F. and Tomasello, M. 2008. Extrinsic rewards undermine altruistic tendencies in 20 month-olds. *Developmental Psychology* 44（6）: 1785–1788.
5. Warneken, F. and Tomasello, M. 2006. Altruistic helping in human infants and young chimpanzees. [#2]
6. Warneken, F., et al. 2007. Spontaneous altruism by chimpanzees and young children. [#3]
7. Callaghan, T. pending.
8. Vaish, A., Carpenter, M., and Tomasello, M. 2009. Sympathy through affective perspective taking and its relation to prosocial behavior in toddlers. *Developmental Psychology* 45（2）: 534–543.
9. Kuhlmeier, V., Wynne, K., and Bloom, P. 2003. Attribution of dispositional states by 12-month-olds. *Psychological Science* 14（5）: 402–408.
10. Liszkowski, U., Carpenter, M., Striano, T., and Tomasello, M. 2006. 12 and 18 month-olds point to provide information for others.

Journal of Cognition and Development 7 (2): 173–187.

11. Liszkowski, U., Carpenter, M., and Tomasello, M. 2008. Twelve-month-olds communicate helpfully and appropriately for knowledgeable and ignorant partners. *Cognition* 108 (3): 732–739.
12. Leavens, D. A., Hopkins, W. D., and Bard, K. A. 2005. Understanding the point of chimpanzee pointing: Epigenesis and ecological validity. *Current Directions in Psychological Science* 14 (4): 185–189.
13. Call, J. and Tomasello, M. 1994. The production and comprehension of referential pointing by orangutans. *Journal of Comparative Psychology* 108 (4): 307–317.
14. Bullinger, A. F., Zimmerman, F., Kaminski, J., and Tomasello, M. 2011. Different social motives in the gestural communication of chimpanzees and human children. *Developmental Science* 14 (1): 58–68.
15. Tomasello, M. 2006. Why don't apes point? In N. Enfield and S. Levinson (Eds.), *Roots of Human Sociality*. New York: Wenner-Grenn.
16. Behne, T., Carpenter, M., and Tomasello, M. 2005. One-Year-olds comprehend the communicative intentions behind gestures in a hiding game. *Developmental Science* 8 (6): 492–499.
17. この点については，この分野を牽引しているふたつのグループが同意している。ロバート・M・セイファースとドロシー・L・チェイニーは，「受信者は，ヒト的な意味では情報を提供しようとしていない発信者からも，情報を獲得している」と述べている (Seyfarth, R.M. and Cheney, D.L. 2003. Signalers and receivers in animal communication. *Annual Review of Psychology* 54: 145–173.)。クラウス・ツァウバービューラーは，「ヒト以外の霊長類は，潜在的に受信者となりうる個体がその状況に気付いていようがいまいが，重大なできごとへの反応として声を発する」と述べている (Zuberbühler, K. 2005. The phylogenetic roots of language: Evidence from primate communication and cognition. *Current Directions in Psychological Science* 14 (3): 126–130.)。
18. Grosse, G., Moll, H., and Tomasello, M. (2010). 21Month-olds

understand the cooperative logic of requests. *Journal of Pragmatics* 42 (12): 3377–3383.

19. Silk, J. B., Brosnan, S. F., Vonk, J., Henrich, J., Povinelli, D. J., Richardson, A. S., Lambeth, S. P., Mascaro, J., and Schapiro, S. J. 2005. Chimpanzees are indifferent to the welfare of unrelated group members. *Nature* 437: 1357–1359.
    Jensen, K., Hare, B., Call, J., and Tomasello, M. 2006. What's in it for me? Self-regard precludes altruism and spite in chimpanzees. *Proceedings of the Royal Society of London. Series B-Biological Sciences* 273 (1589): 1013–1021.
20. Fehr, E., Bernhard, H., and Rockenbach, B. 2008. Egalitarianism in young children. *Nature* 454: 1079–1083.
    Brownell, C., Svetlova, M., and Nichols, S. 2009. To share or not to share: When do toddlers respond to another's need? *Infancy* 14(1): 117–130.
21. Melis, A., Hare, B., and Tomasello, M. 2006. Engineering cooperation in chimpanzees: tolerance constraints on cooperation. *Animal Behaviour* 72(2): 275–286.
22. Muller, M. and Mitani, J. 2005. Conflict and cooperation in wild chimpanzees. *Advances in the Study of Behavior* 35: 275–331.
23. de Waal, F. B. M. 1989. Food sharing and reciprocal obligations among chimpanzees. *Journal of Human Evolution* 18(5): 433–459.
24. Ueno, A. and Matsuzawa, T. 2004. Food transfer between chimpanzee mothers and their infants. *Primates* 45 (4): 231–239.
25. Olson, K. R. and Spelke, E. S. 2008. Foundations of cooperation in preschool children. *Cognition* 108 (1): 222–231.
26. Vaish, A., Carpenter. M., and Tomasello, M. Submitted. Children help others based on moral judgments about them.
27. Muller, M. and Mitani. J. 2005. Conflict and cooperation in wild chimpanzees. [#22]
    Melis, A., Hare, B., and Tomasello, M. 2008. Do chimpanzees reciprocate received favours? *Animal Behaviour* 76(3) 951–962.
28. Dweck, C. 2000. *Self-Theories: Their Role in Motivation, Personality and Development*. Philadelphia: Psychology Press.

29. Brosnan, S. F. and de Waal, F. B. M. 2003. Monkeys reject unequal pay. *Nature* 425: 297–299.

30. Brosnan, S. F., Schiff, H. C., and de Waal, F. 2005. Tolerance for inequity may increase with social closeness in chimpanzees. *Proceedings of the Royal Society* B 272 (1560): 253–258.

31. Bräuer, J., Call, J., and Tomasello, M. 2006. Are apes really inequity averse? *Proceedings of the Royal Society* B 273(1605): 3123–3128.

32. Jensen, K., Call, J., and Tomasello, M. 2007. Chimpanzees are rational maximizers in an ultimatum game. *Science* 318(5847): 107–109.

33. 大型類人猿は反社会的行動を妨げるが、社会的規範によってそうするわけではない。かれらは、じぶんたち（そしてコドモたち）に危害を加える者に報復し、パートナーを選ぶときには非協力的な個体を避ける。

34. Kalish, C. W. 2006. Integrating normative and psychological knowledge: What should we be thinking about? *Journal of Cognition and Culture* 6: 161–178.

35. Piaget, J. 1935. *The moral judgment of the child*. New York: Free Press.（ピアジェ，J. 大友茂訳（1957）.『臨床児童心理学Ⅲ 児童道徳判断の発達』同文書院）

36. Rakoczy, H., Warneken, F., and Tomasello, M. 2008. The sources of normativity: Young children's awareness of the normative structure of games. *Developmental Psychology* 44(3): 875–881.
以下の論文も参照のこと：Rakoczy, H., Brosche, N., Warneken, F., and Tomasello, M. 2009. Young children's understanding of the context-relativity of normative rules in conventional games. *British Journal of Developmental Psychology* 27: 445–456.

37. 子どもが恣意性を認識していない可能性もあるが。この、他のタイプの慣習の可能性については Kalish, 2006.［#34］を参照。

38. Nagel, T. 1970. *The Possibility of Altruism*. Princeton, N.J.: Princeton University Press.

39. Tomasello, M. and Rakoczy, H. 2003. What makes human cognition unique? From individual to shared to collective intentionality. *Mind and Language* 18(2): 121–147.

40. 道徳的諸規範には「自然」要素も含まれる。下記を参照のこと。Nichols, S. 2004. *Sentimental Rules: On the Natural Foundations of Moral Judgment*. New York: Oxford University Press.
41. 下記を参照。 Durham, W. 1992. *Coevolution: Genes, Culture and Human Diversity*. Palo Alto, Calif.: Stanford University Press.

第2章

1. Searle, J. R. 1995. *The Construction of Social Relty*. [はじめに #3]
2. この方向での説得力のある議論としては下記を参照。Sterelny, K. 2008. Nicod Lectures: http://www.institutnicod.org/audio-video/conferences-jean-nicod-331/
3. Bratman, M. 1992. Shared co-operative activity [はじめに #4]
   Gilbert, M. 1989. *On Social Facts*. [はじめに #4]
4. Clark, H. 1996. *Uses of Larnguage*. Cambridge: Cambridge University Press.
5. Boesch, C. 2005. Joint cooperative hunting among wild chimpanzees: Taking natural observations seriously. *Behavioral and Brain Sciences* 28(5): 692–693.
6. Tuomela, R. 2007. *The Philosophy of Sociality: The Shared Point of View*. [はじめに #4]
7. Warneken, F. and Tomasello, M. 2006. Altruistic helping in human infants and young chimpanzees. [第1章 #2]
   Warneken, F., et al. 2007. Spontaneous altruism by chimpanzees and young children. [第1章 #3]
   この協働の映像は以下で視聴可能：http://www.eva.mpg.de/psycho/study-videos.php
8. Hammann, K., et al. (ongoing).
9. Gräfenhein, M., Behne, T., Carpenter, M., and Tomasello, M. 2009. Young children's understanding of joint commitments. *Developmental Psychology* 45 (5): 1430–1443.
10. Carpenter, M., Tomasello, M., and Striano, T. 2005. Role reversal imitation in 12 and 18 month olds and children with autism. *Infancy* 8(3): 253–278.
11. Tomasello, M. and Carpenter, M. 2005. The emergence of social

cognition in three young chimpanzees. *Monographs of the Society for Research in Child Development* 70: vii-132.
12. Moll, H. and Tomasello, M. 2007. Cooperation and human cognition: The Vygotskian intelligence hypothesis. *Philosophical Transactions of the Royal Society* B 362(1480): 639-648.
13. Moll, H., Koring, C., Carpenter, M., and Tomasello, M. 2006. Infants determine others' focus of attention by pragmatics and exclusion. *Journal of Cognition & Development* 7(3): 411-430.
14. Tomasello, M. and Carpenter, M. 2005. The emergence of social cognition in three young chimpanzees.[#11]
15. Call, J. and Tomasello, M. 2008. Does the chimpanzee have a theory of mind: 30 years later. *Trends in Cognitive Science* 12(5): 187-192.
16. Tomasello, M. 2008. *Origins of Human Communication.*（トマセロ, M. 松井智子・岩田彩志 訳(2013).『コミュニケーションの起源を探る』勁草書房）
17. Grice, P. 1975. Logic and conversation. In P. Cole and J. Morgan (Eds.), *Syntax and Semantics: Vol. 3. Speech Acts.* New York: Academic Press.（グライス, P.　清塚邦彦 訳(1998).『論理と会話』勁草書房　所収）
18. Wittgenstein, L. 1953. *Philosophical Investigations.* Oxford: Basil Blackwell.（ウィトゲンシュタイン, L. 藤本隆志 訳 (1976).『ウィトゲンシュタイン全集　第8巻　哲学探究』大修館書店）
19. Skyrms, B. 2004. *The Stag Hunt and the Evolution of Social Structure.* Cambridge; U.K.: Cambridge University Press.
20. 以下も参照のこと。Sterelny, K. 2008. Nicod Lectures. [#2]
21. Tomasello, M., Hare, B., Lehmann, H., and Call, J. 2007. Reliance on head versus eyes in the gaze following of great apes and human infants: The cooperative eye hypothesis. *Journal of Human Evolution* 52(3): 314-320.
22. Boesch, C. 2005. Joint cooperative hunting among wild chimpanzees: Taking natural observations seriously.[#5]
23. Gilby, I. C. 2006. Meat sharing among the Gombe chimpanzees: Harassment and reciprocal exchange. *Animal Behaviour* 71(4):

953–963.
24. Hare, B., Melis, A., Woods, V., Hastings, S., and Wrangham, R. 2007. Tolerance allows bonobos to outperform chimpanzees in a cooperative task. *Current Blology* 17(7): 619–623.
25. Hare, B. and Tomasello, M. 2005. Human-like social skills in dogs? *Trends in Cognitive Science* 9(9): 439–444.
26. Hrdy, S. 2009. *Mothers and others.* Cambridge, Mass.: Harvard University Press.
27. Melis, A., Hare, B., and Tomasello, M. 2006. Chimpanzees recruit the best collaborators. *Science* 311 (5765): 1297–1300.
28. Jensen, K., Call, J., and Tomasello, M. 2007. Chimpanzees are vengeful but not spiteful. *Proceedings of the National Academy of Sciences* 104(32): 13046–13050.
29. Knight, J. 1992. *Institutions and social conflict.* Cambridge, U.K.: Cambridge University Press.
30. Richerson, P. J. and Boyd, R. 2006. *Not by Genes Alone: How Culture Transformed Human Evolution.* [はじめに #2]
31. Kinzler, K. D., Dupoux, E., and Spelke, E. S. 2007. The native language of social cognition. *Proceedings of the National Academy of Sciences* 104(30): 12577–12580.
32. Durham, W. 1992. *Coevolution: Genes, Culture and Human Diversity.* [第1章 #41]
33. この点については最近発表した以下の著書において述べるよう努めた。Tomasello, M. 2008. *Origins of Human Communication.* [#16]
34. Rakoczy, H. and Tomasello, M. 2007. The ontogeny of social ontology: Steps to shared intentionality and status functions. In S. Tsohatzidis (Ed.), *Intentional Acts and Institutional Facts: Essays on John Searle's Social Ontology.* Berlin: Springer Verlag.
35. Wyman, E., et al. (in press).

第3章

1. Diamond, J. 1997. *Guns, Germs, and Steel: The Fates of Human Societies.* New York: WW Norton.（ダイアモンド, J. 倉骨彰 訳 (2000).『銃・病原菌・鉄—1万3000年にわたる人類史の謎（上・

下)』草思社.)

ジョーン・B・シルク

1. Richerson, P. J. and Boyd, R. 2006. *Not by Genes Alone: How Culture Transformed Human Evolution.* [はじめに #2]
2. Fehr, E. and Fischbacher, U. 2003. The nature of human altruism. *Nature* 425: 785–791.
3. Skyrms, B. 2004. *The Stag Hunt and Evolution of Social Structure.* [第2章 #19]
4. Melis, A., et al. 2006. Engineering cooperation in chimpanzees: tolerance constraints on cooperation. [第1章 #21]
5. Bronstein, J. L. 1994. Our current understanding of mutualism. *Quarterly Review of Biology* 69(1): 31–51.
6. Bergstrom, C. T. and Lachmann, M. 2003. The Red King effect: evolutionary rates and division of surpluses in mutualisms. In P. Hammerstein (Ed.), *Genetic and Cultural Evolution of Cooperation.* Cambridge, Mass.: MIT Press.
   Bronstein, J.L. 2003. The scope for exploitation within mutualistic interactions. In P. Hammerstein (Ed.), *Genetic and Cultural Evolution of Cooperation.* [#6]
7. Jensen, K., et al. 2006. What's in it for me? Self-regard precludes altruism and spite in chimpanzees. [第1章 #19]
   Silk, J. B., Brosnan, S. F., Vonk, J., Henrich, J., Povinelli, D. J., Richardson, A. S., Lambeth, S. P., Mascaro, J., and Shapiro, S. J. 2005. Chimpanzees are indifferent to the welfare of unrelated group members. *Nature* 437: 1357–1359.
   Vonk, J., Brosnan, S. F., Silk, J. B., Henrich, J., Richardson, A. S., Lambeth, S. P., Schapiro, S. J., and Povinelli, D.J. 2008. Chimpanzees do not take advantage of very low cost opportunities to deliver food to unrelated group members. *Animal Behaviour* 75(5): 1757–1770.
8. Whiten, A. and Byrne, R. W. 1997. *Machiavellian Intelligence II.* Oxford: Oxford University Press.(ホワイトゥン, A., バーン, R.編　友永雅己・小田亮・平田聡・藤田和生　監訳(2004),『マキャベリ

的知性と心の理論の進化論 II　新たなる展開』ナカニシヤ出版）

9. Trivers, R. L. 1971. The evolution of reciprocal altruism. *Quarterly Review of Biology* 46（1): 35–57.
Axelrod, R. and Hamilton, W. D. 1981. The evolution of cooperation. *Science* 211 : 1390–1396.
10. Silk, J. B., Cheney, D. L., and Seyfarth, R.M. 1999. The structure of social relationships among female savannah baboons in Moremi Reserve, Botswana. *Behaviour* 136: 679–703.
Silk, J. B., Altmann, J., and Alberts, S. C. 2006. Social relationships among adult female baboons（*Papio cynocephalus*）I: Variation in the strength of social bonds. *Behavioral Ecology and Sociobiology* 61（2): 183–195.
11. Frank, R. and Silk, J. B. 2009. Impatient traders or contingent reciprocators? Evidence for the extended time course of grooming exchanges in baboons. *Behaviour* 146（8), 1123–1135.
12. Silk, J. B., Alberts, S. C., and Altmann, J. 2006. Social relationships among adult female baboons（*Papio cynocephalus*）II: Variation in the quality and stability of social bonds. *Behavioral Ecology and Sociobiology* 61（2): 197–204.
13. Boyd, R. and Richerson, P. J. 1988. The evolution of reciprocity in sizable groups. *Journal of Theoretical Biology* 132（3): 337–356.
14. Fehr, E. and Fischbacher, U. 2003. The nature of human altruism. [#2]
Richerson, P. J. and Boyd, R. 2006. *Not by Genes Alone: How Culture Transformed Human Evolution.*［はじめに #2］
15. Mayr, U., Harbaugh, W. T., and Tankersley, D. 2008. Neuroeconomics of charitable giving and philanthropy. In P. W. Glimcher, C. F. Camerer, E. Fehr, and R. A. Poldrack.(Eds.), *Neuroeconomics: Decision Making and the Brain.* Amsterdam: Elsevier.

キャロル・S・デック

1. 下記などを参照。Spelke, E.S. and Kinzler, K. D. 2007. Core knowledge. *Developmental Science* 10(1): 89–91 .
2. Saffran, J.R., Aslin, R.N., and Newport, E.L. 1996. Statistical learning

in 8 month-old infants. *Science* 274: 1926–1928.
3. Johnson, S., Dweck, C.S., and Chen, F. 2007. Evidence for infants' internal working models of attachment. *Psychological Science* 18 (6): 501–502.
4. Main, M. and George, C. 1985. Responses of young abused and disadvantaged toddlers to distress in agemates. *Developmental Psychology* 21(3): 407–412.
5. 参考：Meltzoff, A.N. and Brooks, R. 2001. 'Like me' as a building block for understanding other minds: Bodily acts, attention, and intention. In B. Malle, L. Moses, and D. Baldwin (Eds.), *Intentions and Intentionality: Foundations of Social Cognition*. Cambridge, Mass.: MIT Press.
6. Hamlin, J.K., Wynn, K., and Bloom, P. 2007. Social evaluation by preverbal infants. *Nature* 450: 557–559.

ブライアン・スキームズ

1. ルイスは，他にも諸条件を加えている。慣習からの一方的な逸脱は，本人と同様に他者をも傷つける。しかし，こういった詳細は，ここでは重要ではない。
2. もちろんグライスは，会話において協調原理が破られたり，無視されたりすることを認識していた。しかしそうだとしても，基本となるのは協調原理であり，逸脱は、基本原則に沿った使用があってこそのものなのだ。
3. しかしルイスは，プレイヤーたちのさまざまな意図を図式に取り込んでいない——そうする必要があるとも考えていない。

4. Taga, M. E. and Bassler. B. L. 2003. Chemical Communication Among Bacteria. *Proceedings of the National Academy of Sciences of the USA* 100 (Suppl. 2): 14549–14554.
Watnick, P. and Kolter, R. 2000. Biofilm, city of microbes. *Journal of Bacteriology* 182(10): 2675–2679.
5. Hofbauer, J. and Huttegger, S. 2008. Feasibility of Communication in Binary Signaling Games. *Journal of Theoretical Biology* 254 (4): 843–849.
6. Argiento, R., Pemantle, R., Skyrms, B., and Volkov, S. 2009.

Learning to signal: analysis of a micro-level reinforcement model. *Stochastic Processes and their Applications* 119(2): 373-390.

エリザベス・S・スペルキ

1. Hare, B., Call, J., Agnetta, B., and Tomasello, M. 2000. Chimpanzees know what conspecifics do and do not see. *Animal Behaviour* 59 (4): 771-785.
2. Tomasello, M. 2008. *Origins of Human Communication*. [第2章 #16]
3. Deacon, T. 1997. *The symbolic species: The co-evolution of language and the brain*. New York: WW Norton. (ディーコン ,T. W. 金子隆芳 訳(1999).『ヒトはいかにして人となったか——言語と脳の共進化』新曜社)
4. DeLoache, J. S. 1995. Early understanding and use of symbols. *Current Directions in Psychological Science* 4 (4) : 109-113.
5. Dehaene, S. 1997. *The number sense: How the mind creates mathematics*. New York: Oxford University Press.
6. Carey, S. 2009. *The origin of concepts*. New York: Oxford University Press.
7. Tomasello, M. and Call, J. 1997. *Primate cognition*. New York: Oxford University Press.
   Tomasello, M. 1999. *The Cultural Origins of Human Cognition*. [はじめに #6]
   Tomasello, M. 2008. *Origins of Human Communication*. [第2章 #16]
8. Spelke, E. S. and Kinzler. K. D. 2007. Core knowledge. [デック #1]
9. 総説として下記を参照：Baillargeon, R. 2004. Infants' physical world. *Current Directions in Psychological Science* 13(3): 89-94.
10. Spelke, E. S. 1990. Principles of object perception. *Cognitive Science* 14(1): 29-56.
   Rosenberg, R. and Carey, S. 2006. Infants' indexing of objects vs. non-cohesive entities. Poster presented at the Biennial meeting of the International Society for Infant Studies.
   Chiang, W. C. and Wynn, K. 1998. Infants' representations of collections. *Infant Behavior and Development* 21 (2): 341.

11. 総説として下記を参照： Feigenson, L., Dehaene, S., and Spelke, E. S. 2004. "Core systems of number." *Trends in Cognitive Sciences* 8 (7): 307–314.

12. Cheries, E. W., Mitroff, S. R., Wynn, K., and Scholl, B. J. 2009. Do the same principles constrain persisting object representations in infant cognition and adult perception?: The bases of continuity and cohesion. In B. Hood and L. Santos (Eds.), *The origins of object knowledge* (pp. 107–134). New York: Oxford University Press.

13. Gordon, P. 2004. Numerical Cognition Without Words: Evidence from Amazonia. *Science* 306 (5695) : 496–499.

14. Markman, E. 1991. *Categorization and naming in children: Problems of induction*. Cambridge, Mass.: MIT Press.
Carey, S. 2009. The origin of concepts. [#6]

15. Hood, B. and Santos, L. (Eds.), 2009. *The origins of object knowledge*. New York: Oxford University Press.

16. Regolin, L. and Vallortigara, G. 1995. Perception of partly occluded objects by young chicks. *Perception & Psychophysics* 57 (7): 971–976.

17. Chiandetti, C. and Vallortigara, G. 2008. Is there an innate geometric module? Effects of experience with angular geometric cues on spatial re-orientation based on the shape of the environment. *Animal Cognition* 11 (1): 139–146.

18. Hood, B. and Santos, L. (Eds.), 2009. *The origins of object knowledge*. [#15]

19. Woodward, A. L. 2005. The infant origins of intentional understandmg. *Advances in Child Development and Behavior* 33: 229–262.

20. Santos, L. R., Hauser, M. D., and Spelke, E. S. 2002. The representation of different domains of knowledge in human and nonhuman primates: Artifactual and food kinds. In M. Bekoff, C. Allen, and G. Burghardt. (Eds.), *The Cognitive Animal*. Cam-bridge, Mass.: MIT Press.

21. Xu, F. 2007. Concept formation and language development: Count nouns and object kinds. In G. Gaskill (Ed.), *Oxford Handbook of*

Psycholinguistics. New York: Oxford University Press.

22. Waxman, S. and Braun, I. 2005. Consistent (but not variable) names as invitations to form object categories. *Cognition* 95 (3): B59–68.
23. Johnson-Frey, S. H., Newman-Norlund, R., and Grafton, S. T. 2005. A distributed left hemisphere network active during planning of everyday tool use skills. *Cerebral Cortex* 15 (6): 681–695.
24. Carey, S. 2009. *The origin of concepts*. [#6]
Spelke, E. S. 2000. Core knowledge. *American Psychologist* 55 (11): 1233–1243.
25. Winkler-Rhoades, N., Carey, S., and Spelke, E. S. 2009. *Young children navigate by purely geometric maps*. Denver, CO: Society for Research in Child Development.
26. Tomasello, M. and Call, J. 1997. *Primate cognition*. [#7]
Tomasello, M. 1999. *The Cultural Origins of Human Cognition*. [はじめに #6]
Tomasello, M. 2008. *Origins of Human Communication*. [第2章 #16]
27. Farroni, T., Pividori, D., Simion, F., Massaccesi, S., and Johnson, M. H. 2004. Gaze following in newborns. *Infancy* 5(1): 39–60.
28. Meltzoff, A. N. and Moore, M. K. 1977. Imitation of Facial and Manual Gestures by Human Neonates. *Science* 198(4312): 75–78.
29. Sugita, Y. 2008. Face perception in monkeys reared with no exposure to faces. *Proceedings of the National Academy of Sciences* (*USA*) 105 (1): 394-398.
30. Tomasello, M., Hare, B., and Agnetta, B. 1999. Chimpanzees follow gaze direction geometrically. *Animal Behaviour* 58(4): 769–777.
31. Myowa-Yamakoshi, M., Tomonaga, M., Tanaka, M., and Matsuzawa, T. 2004. Imitation in neonatal chimpanzees (*Pan troglodytes*). *Developmental Science* 7(4): 437–442.
32. Brune, C. W. and Woodward, A. L. 2007. Social cognition and social responsiveness in 10 month-old infants. *Journal of Cognition and Development* 8(2): 133–158.
33. Phillips, A., Wellman, H., and Spelke, E. 2002. Infants' ability to

connect gaze and emotional expression as cues to intentional action. *Cognition* 85(1): 53–78.
34. Sugita, Y. 2008. Face perception in monkeys reared with no exposure to faces. [#29]
35. Woodward, A. L. and Needham, A. (Eds.) 2008. *Learning and the infant mind*. Oxford: Oxford University Press.

訳者解説とあとがき

1. Darwin, C. 1859. *On the Origin of Species by Means of Natural Selection, or the Preservation of Favoured Races in the Struggle for Life*. London: John Murray.
2. Dennett, C. D. 1995. *Darwin's Dangerous Idea: Evolution and the Meanings of Life*. New York: Simon & Schuster.
3. Darwin, C. 1871. *The Descent of Man, and Selection in Relation to Sex*. London: John Murray.
4. Hobhouse, L. T. 1901. *Mind in Evolution*. London: Macmillan and co.
5. 丘浅次郎 . 1934.『猿の群れから共和国まで』共立社 .
6. Mendel, J. G. 1866. *Versuche über Pflanzen-Hybriden. Verhandlungen des naturforschenden Vereins Brünn*. 4, 3–47.
7. Hamilton, W. D. 1964. The evolution of social behavior. *Journal of Theoretical Biology*, 7, 1–52.
8 Trivers, R. L. 1971. The evolution of reciprocal altruism. *Quarterly Review of Biology*, 46, 35–57.
9. Wilson, O. E. 1975. *Sociobiology: The New Synthesis*, Harvard University Press.
10. Dowkins, R. 1976. *Selfish Gene*. New York: Oxford University Press.
11. Maynard Smith, J. and Price, R. G. 1973. The Logic of Animal Conflict. *Nature*, 246, 15–18.
12. Humphrey, N. 1976. The social function of intellect. In P.P.G.Bateson and R.A.Hinde (Eds.), *Growing Points in Ethology*, chapter 9, 303–317, Cambridge : Cambridge University Press.
13. Premack, D. and Woodruff, G. 1978. Dose the chimpanzee have a

theory of mind? *Behavioral and Brain Science*, 1, 515–526.

14. Whiten, A. and Byrne, W. R. 1988. Machiavellian Intelligence Hypotheses. In R. W. Byrne and A. Whiten (Eds.), *Machiavellian Intelligence*. 1–9, Oxford: Oxford University Press.
15. Sperber, D. and Wilson, D. 1986. *Relevance: Communication and Cognition*. Oxford: Blackwell.
16. Nowak, A. M. and Sigmund, K. 1998. Evolution of indirect reciprocity by image scoring. *Nature*, 393, 573–577.
17. Cosmides, L. and Rooby, J. 1994. Beyond intuition and instinct blindness: Toward an evolutionarily rigorous cognitive science. *Cognition*, 50, 41–77.
18. Horner, V., Carter, D. J., Suchak, M., and de Waal, F. B. M. 2011. Spontaneous prosocial choice by chimpanzees. *Proceedings of the National Academy of Sciences*, 108, 13847–13851.
19. Yamamoto, S., Humle, T., and Tanaka, M. 2012 Chimpanzees' flexible targeted helping based on an understanding of conspecifics' goals. *Proceedings of the National Academy of Sciences*, 109, 3588–3592.
20. Hare, B. and Kwetuenda, S. 2010. Bonobos voluntarily share their own food with others. *Current Biology*, 20, R230–231.
21. Agnetta, B. and Rochat, P. 2004. Imitative Games by 9-, 14-, and 18-Month-Old Infants. *Infancy*, 6 (1), 1–36.
22. Hamlin, K. J., Wynn, K., and Bloom, P. 2007. Social evaluation by preverbal infants. *Nature*, 450, 557–560.
23. Kinzler, K. D., Corriveau, K. H., and Harris, P. L. 2011. Children's selective trust in native-accented speakers. *Developmental Science*, 14 (1), 106–111.
24. Zizek, S. 2009. *Violence: Six Sideways Reflections*. London: Profile Book.（ジジェク, S. 中山徹 訳 (2010).『暴力』青土社）
25. 村上春樹・柴田元幸. 2000.『翻訳夜話』文藝春秋社.

マイケル・トマセロ（Michael Tomasello）
1950 年生まれ．1980 年，ジョージア大学にて博士号（心理学）．デューク大学教授，マックス・プランク進化人類学研究所名誉所長．邦訳書に『心とことばの起源を探る』（2006，勁草書房），『道徳の自然誌』（2020，勁草書房），『思考の自然誌』（2021，勁草書房）ほか．

橋彌和秀（はしや　かずひで）
1968 年，広島県生まれ．京都大学大学院理学研究科博士後期課程霊長類学専攻修了．1997 年博士（理学・京都大学）．九州大学大学院人間環境学研究院教授．著書に『インタラクションの境界と接続』（共著，2010，昭和堂），『知覚・認知の発達心理学入門』（共著，2008，北大路書房）．

ヒトはなぜ協力するのか

2013年 7 月20日　第 1 版第 1 刷発行
2021年 8 月20日　第 1 版第 5 刷発行

著　者　マイケル・トマセロ
訳　者　橋《はし》　彌《や》　和《かず》　秀《ひで》
発行者　井　村　寿　人

発行所　株式会社　勁《けい》　草《そう》　書　房
112-0005　東京都文京区水道2-1-1　振替　00150-2-175253
（編集）電話　03-3815-5277／FAX　03-3814-6968
（営業）電話　03-3814-6861／FAX　03-3814-6854
本文組版　プログレス・理想社・松岳社

ISBN978-4-326-15426-5　　Printed in Japan

https://www.keisoshobo.co.jp